MATO-VERLAG

Auf Engel ist Verlass!

Mato-Verlag: Memmingen/Allgäu
Am Geisberg 6, 87779 Trunkelsberg
Tel./Fax: 08331-494445

Homepage: www.engel-buecher.de
www.mato-verlag.de

Autorin:
Marlene Toussaint

ISBN Buch: 3-936 795-61-4
13-stellige ISBN: 978-3-936795-61-5

Dieses Buch widme ich meiner Freundin Doro, die ich viel zu früh verloren habe. Sie hat mich einen Teil meines Lebenswegs begleiten dürfen und ich sage Danke! Am 25.11.2014 ist sie ganz unerwartet für immer von uns gegangen. Aber ich kann sie noch immer spüren und fühlen und ich bin Gott dankbar, dass ich sie kennenlernen durfte. Obwohl ich alle meine lieben Verstorbenen nach ihrem Tod sehen durfte, ist es mir bei Doro noch nicht gelungen. Aber eines Tages darf ich auch sie sehen. Wenn nicht in dieser, dann in der anderen Welt, die unser aller Zuhause ist. Sie kannte alle meine Bücher. Manchmal war sie ein wenig verunsichert, weil sie sich früher nie damit befasst hatte. Und nach ihrem Tod sagte sie durch ein Medium zu mir: „Danke, Marlene, für die Reiseführer, die du mir ins Jenseits mitgegeben hast. Mir war nichts fremd, dank deiner Bücher konnte ich mich sofort zurechtfinden."

Etwas Schöneres konnte sie mir nicht sagen, denn nichts anderes sollen meine Bücher sein. Reiseführer für die Menschen. Kleine Einblicke ins Jenseits. Durch die große Gnade Gottes, der Mutter Maria und der Engel durfte ich alles erleben, was man als Mensch über die Jenseitswelten erfahren kann. Ich bedanke mich noch einmal dafür. Obwohl der Weg, gegen den Strom zu schwimmen, oftmals sehr schwierig ist, möchte ich auch mit diesem Buch „Auf Engel ist Verlass!" wieder unermüdlich für die Jenseitswelten aktiv werden. Aber nicht nur auf Engel ist Verlass, sondern auch auf Gott und alle Lieben, die uns bereits vorausgegangen sind. Das kann ich immer wieder sagen: Gott und seine Mutter Maria, die Engel und die Verstorbenen lieben uns. Wenn die Menschen auch nicht mit allem, was ich schreibe, einverstanden sind, bitte ich sie trotzdem, darüber nachzudenken. Es gibt so viel zwischen Himmel und Erde, das wir Menschen weder verstehen noch fassen können. Es gibt das Gute, das Böse. Das Wunderbare, das Unglaubliche, das Schmerzhafte und das Traurige. Aber alle diese Gefühle lassen uns wachsen und stärken uns.

Ich möchte allen meinen Lieben auf der anderen Seite Danke sagen! Danke, dass ich eine wunderbare Zeit mit ihnen verbringen durfte. Auch wenn diese Zeit sehr kurz war. Aber von jeder dieser verstorbenen Seelen konnte ich lernen. Manchmal war es schmerzhaft, manchmal war es traurig, aber sehr oft war es sehr schön, mit vielen Glücksmomenten. Aber es lag auch sehr viel Freude in diesen wundervollen Begegnungen. Alle diese Wesen waren mir bestimmt und ich durfte einen Teil meines Lebens mit ihnen gehen. Sie haben mein Leben auf die eine oder andere Art bereichert. Manche zeigten mir, wie ich niemals sein sollte, und andere lehrten mich, noch mehr zu lieben. Ich liebe euch alle, egal ob es im Schmerz oder im Glück war, wie ich euch kennenlernen durfte. Ihr alle wart und seid auf die eine oder andere Art etwas ganz Besonderes. Nur durch euch bin ich das geworden, was ich heute bin. Ein Mensch, der lieben kann, der Fehler macht, der verzeihen kann, der hilfsbereit und freundlich ist. Dafür danke ich euch!

Ich danke auch den Menschen, die mich wieder zum Schreiben gebracht haben. Wir leben in einer Zeit, in der diese Bücher immer wichtiger werden. Diese Welt, die uns so wunderbar trägt und nährt, steht am Abgrund. Das müssen wir unbedingt erkennen und das Ganze aufhalten. Indem wir wieder Liebe und Achtung und Aufmerksamkeit an unsere Erde weitergeben.

Ich muss an die Worte von Andrea denken, der Tochter meiner Freundin Gabi. Diese hatte ihre Tochter so früh und unerwartet verloren. Andrea sagte zu ihrer Mama aus dem Jenseits: „Mama, du hättest so viel Schönes zu sagen, aber die Menschen wollen es nicht hören. Sie lachen dich aus und machen sich noch lustig über dich. Aber durch deine Gespräche mit ihnen legst du ein Samenkorn, und irgendwann geht dieses Samenkorn auf und verbreitet sich über die ganze Erde. Geh zu Marlene, sie wird dich verstehen, denn sie denkt wie du.“ Ein verstorbenes Mädchen hat dafür gesorgt, dass Gabi und ich nun bereits 20 Jahre befreundet sind. Sie hat ihr quasi aus dem Jenseits geholfen und eine Freundin gesucht, die sie versteht.

Vorwort

In der heutigen Zeit werden Engel wichtiger denn je zuvor. Manchmal glaube ich, die Welt ist langsam in einem Stadium angekommen, in dem nur noch Gott mit seinen Engeln helfen kann! Menschen können dich verlassen, aber dein Engel wird immer bei dir sein!

Selbst unsere Politiker verstehen uns nicht mehr. Sie tun alles, um ihre Macht zu erhalten, aber sie tun nichts mehr für ihr Volk. Das Volk ist nur noch da, um Steuern zu zahlen, darf aber nichts gegen die Politik sagen. In der letzten Zeit wurden immer mehr neue Steuerquellen aufgetan und erfunden, um die Löcher zu stopfen. Und das ist nur der Anfang. Es werden noch mehr Steuern erfunden. Ich merke, mit welcher Aggressivität das Finanzamt ständig nachfragt, um gewisse Freibeträge und Steuererleichterungen nicht anerkennen zu müssen. Das Volk wird ausgepresst wie eine Zitrone. Nun kommen auch noch die Verspätungszuschläge von 25 Euro pro Monat, wenn wir die Steuererklärung nicht bis zum 31.5. eingereicht haben.

Wir müssen helfen! Ja, aber können wir die ganze Welt retten? Bis unser Land nicht mehr in der Lage ist zu helfen, weil der große Topf leer ist? Auch in unserem Land gibt es arme Menschen, die Pfandflaschen aus den Mülltonnen suchen. Die 45 Jahre lang gearbeitet haben und eine Rente von 750 Euro erhalten! Auch bei uns gibt es Menschen, die auf der Straße leben und kein Zuhause haben. Für Kindergärten und Schulen gibt es kein Geld. Aber die Banken mussten gerettet werden. Ein EU-Land nach dem anderen musste gerettet werden. Ich hoffe, wenn Deutschland ins Schlingern kommt, werden auch wir gerettet. Ist das Gerechtigkeit?

Sollten wir den Menschen, die jetzt alle zu uns strömen, besonders aus Afrika, nicht eher beibringen, wie sie die Probleme dort lösen und ihre Länder positiv nutzen können? Das wäre eine bessere Alternative, als hier herumsitzen und warten müssen, ob sie als Flüchtling anerkannt werden. Und es wäre effizienter. Denn in den afrikanischen Ländern sitzen nochmals Millionen Menschen, die Hunger haben. Auch bei uns war und ist noch immer harte Arbeit erforderlich, um Wohlstand zu erwirtschaften. Ich habe acht Jahre in Südafrika gelebt und kenne die Einstellung der Menschen in diesem Land. Ich möchte darüber nicht schreiben, denn man kann es nur glauben, wenn man es selbst erlebt hat. Wenn Sie sich einmal die Geschichte Afrikas anschauen, werden Sie feststellen, dass alle afrikanischen Länder während der Kolonialzeit und während der Verwaltung der sogenannten Besetzer in der Blüte standen. Alle hatten zu essen und die meisten hatten Arbeit. Sicher haben sich die Kolonialherren nicht immer richtig verhalten. Denn wer nach Afrika ging, kam auch, um das reiche Land auszubeuten. Die Bodenschätze fanden das Interesse der Europäer. Aber nach dem Rückzug der Engländer, Franzosen,

Holländer, Belgier und Deutschen konnte man geradezu dem Zerfall der Kolonien zuschauen. Man hatte die Ruhe der Afrikaner gestört. Sie waren glücklich mit dem bisschen, das sie vorher hatten. Sie haben sich dann aber auch verändert. Afrika ist ein wunderschönes Land. Es hat so viel zu bieten. Die Europäer hätten Afrika niemals übernehmen dürfen. Dann ginge es den Afrikanern mit ihrer ganz besonderen Lebenskultur, mit Tanz, Gesang, Gemütlichkeit und der besonderen Lebensfreude weitaus besser. Man kann den Menschen nur vor Ort helfen, dort, wo ihre Kultur, ihre Wurzeln, ihre Familien und ihre Religion beheimatet sind. Keiner verlässt freiwillig sein Land und seine Familie. Würden Ihre Kinder hungern, gingen Sie auch genau dorthin, wo man das bekommt, was seinen Kindern und seiner Familie hilft. Aber 100 Euro in Deutschland sind wie 1 Euro in Afrika. Und die Menschen hätten ihre gewohnte Umgebung und wären glücklicher als bei uns, in einem ihnen fremden Kulturkreis.

Als ich damals in Südafrika lebte, ging es dem Land gut. Es gab kaum Kriminalität. Heute möchte ich nicht mehr am Abend durch Johannesburg laufen. Aber ganz Europa und besonders Amerika wollten unbedingt freie Wahlen. Und seitdem ist das Land nicht mehr, was es einmal war. Ärzte, Lehrer und Geschäftsleute verließen das Land. Und bald wird das letzte afrikanische Land im gleichen Sumpf enden wie alle anderen Länder in Afrika. Wir wussten alle, die in Südafrika lebten, dass Mandela das Land noch ein paar Jahre positiv regieren kann. Er war ein wunderbarer Mensch. Er hatte verziehen und rief seine Mitbürger ebenfalls auf zu verzeihen. Aber es war nur eine Frage der Zeit, sollte es Nelson Mandela nicht mehr geben. Genauso ist es auch eingetroffen. Fast ganz Afrika ist auf der Flucht. Sie lieben uns aber nicht. Sie suchen nur Sicherheit. Ich bin kein Rassist, sonst würde ich keine Engelbücher schreiben. Vor Gott sind wir alle gleich. Aber unsere Kulturen sind derart verschieden und wir müssen diesen Menschen in ihren Ländern helfen, glücklich zu werden, mit dem Wissen, das wir haben. Sie brauchen täglich Anleitung. Im Zeitalter von Smartphone und Computer werden den Menschen im Ausland oftmals falsche Informationen suggeriert. Sie kommen zu uns, um hier das große Glück zu finden. Dann werden sie zum ersten Mal mit Kälte und Winter konfrontiert und mit Regeln, die sie aus ihren Ländern nicht kennen. Dann gibt es das schöne Haus und das tolle Auto nicht, das sie sich schon so lange erträumt haben. Man sieht im Vorfeld nicht, wie schwer es ist, sich so etwas zu erarbeiten. In Afrika gibt es diesen Arbeitsstress nicht. Und dann geschieht das, was uns noch sehr lange zu schaffen machen wird. Die Menschen werden auf den Besitz der anderen mit Neid und Aggression reagieren. Aber manche Menschen kennen sich in allen Bereichen so gut aus, auch wenn sie nichts wissen. Gott hat jeder Nation ein wunderschönes Fleckchen Erde zukommen lassen. Und es ist ihre Pflicht, mit dem anvertrauten Land in Liebe und Gleichklang umzugehen. Gott sagte:

„Macht euch die Erde untertan.“ Er meinte damit, für sie zu sorgen, auf sie aufzupassen. Arbeitet, leistet etwas! Auch im Himmel hat jeder seine Arbeit zu erfüllen.

Es macht alle Wesen auf der anderen Seite sehr traurig, wie es gerade auf unserer Erde zugeht. Viele versuchen auf die leichteste Art und Weise ohne viel Arbeit und mit wenig Leistung durchs Leben zu kommen. Diebstahl, Raub und Totschlag haben bei uns Einzug gehalten. Aber wir stehen erst am Anfang. Es wird noch schlimmer kommen. Deshalb bitte ich euch, vergesst das Gebet nicht. Wir brauchen Gott und die Engel, die uns helfen und an unserer Seite stehen, dringender denn je zuvor. Seid nicht böse über die harten Worte, aber es soll eine Art des Erwachens über die Menschen kommen. Helft den Menschen, die Hilfe benötigen, aber helft ihnen in ihrer Heimat. Derzeit sind noch 65 Millionen Menschen auf der Flucht. Das kann kein Land der Welt alleine stemmen, oder es geht selbst kaputt.

Als die ehemalige DDR mit Deutschland wiedervereinigt wurde, waren ich und alle Menschen in meinem Umfeld überglücklich. Mir ging es wie vielen anderen auch. Das Land war wieder eins. Aber ein Aspekt hat mich bereits damals verunsichert. Alle diese Menschen, die im Osten niemals eine Demokratie kennengelernt hatten, durften auf einmal unser Land regieren. Schon damals sagte ich zu meinen Freundinnen und Bekannten: „Ich sage euch, in einigen Jahren wird unsere Demokratie abgeschafft sein.“ Alle schauten mich mit großen Augen an und fragten, warum. Ich sagte, Demokratie muss man erlernen, das kommt nicht über Nacht. Und unsere Politiker kamen über Nacht an die Regierung. Sie kamen aus einem Land, das nur aus Diktatur bestand und in dem jeder jeden bespitzelt hat. Kann man diese Einstellung über Nacht abschaffen? Und heute gibt es kein Bankgeheimnis mehr. Die Meinungsfreiheit wird zum Teil unterbunden und eingeschränkt. Wir werden am Telefon bespitzelt, auch von unseren Freunden, den Amerikanern. Aber niemand moniert groß. Bespitzeln war ja in der ehemaligen DDR an der Tagesordnung. Unser Bargeld soll abgeschafft werden! Warum wohl? Man möchte wissen, wie viel wir haben, wo das Geld herkommt und wo es hingeht. Ich finde es furchtbar traurig, was mit unserer Demokratie passiert ist. Wir haben Jahrhunderte dafür gekämpft. Menschen, die uns die Wahrheit sagen, droht Gefängnis wegen Verrats. Und jeden Tag wird ein Stück unserer Freiheit begrenzt. Das Volk wird nicht mehr gefragt, sondern übergangen. Dann wählen Menschen plötzlich Parteien, die sie vor vielen Jahren niemals gewählt hätten. Und dies ist komischerweise in allen europäischen Ländern so. Die Bürger aller Nationen sind frustriert. Man regiert am Volk vorbei. Man hört nicht auf die Menschen. Bei den Nationen geht es nicht um Ausländerfeindlichkeit. Nein, ausländerfeindlich sind wir nicht. Wir mögen alle Nationen. Aber es gibt nun Bezirke, in die kann man leider nicht mehr gehen, weil dort die Kriminalität herrscht. Polizisten werden ausgelacht und bespuckt. Wenn sie Kriminelle festnehmen, sind diese am nächsten Tag wieder frei. Wir haben Angst vor Banden, die sich in Deutschland ausbreiten und Diebstähle begehen. Wir haben Angst vor IS. Sie lachen alle über unsere Gesetze. Diese Streichelpolitik ist nicht mehr zum Aushalten. Der Sohn einer Freundin wurde ins Koma geschlagen. Das war vor vier Jahren. Sie leidet noch immer darunter, ihr Kind so daliegen zu sehen. Und der Täter, ich möchte die Nationalität nicht nennen, bekam nur eine Strafe auf Bewährung. Unsere Gesetze sind Lachnummern! Ich habe 15 Jahre für die Justizbehörden gearbeitet. Ein Rumäne sagte zu mir: „Ich bin lieber in Deutschland im Gefängnis als in Rumänien in Freiheit!“ Er ist nicht der Einzige, der das sagt. Gutes Essen, Ausgang am Wochenende, Fernsehen, Tageszeitung, Sport. Das Essen wird den Religionszugehörigkeiten angepasst. Glauben Sie, dass man in der Türkei im Gefängnis Schweineschnitzel für Deutsche bekommt? Gefängnis soll eine Strafe sein und keine Belohnung für schlechte Taten. Die Menschen haben für so etwas kein Verständnis mehr. Sie möchten nicht arbeiten, um in unserem Land die Kriminalität zu fördern. Sie dürfen mir glauben, auch Gott und die Engel erfreut dieses Szenario nicht, das derzeit auf der Erde herrscht. Deshalb muss ich mich darüber äußern, wenngleich es für mich sehr unangenehm ist. Manchmal denke ich, wie friedlich war die Welt vor 30 Jahren. Man konnte auch nachts das Haus verlassen. Nun bleiben wir zu Hause, sobald es dunkel wird. Unsere Häuser und Wohnungen werden vom Staat mit 10 Prozent gefördert, wenn wir alles sicher machen!

Ist das die Lösung? Müssen wir uns nun verbarrikadieren, weil uns der Staat nicht mehr schützen kann? Wie viel mehr bedarf es nun des besonderen Schutzes der Engel. Und jeder, der Engel liebt, liebt auch die Freiheit und den Frieden und ist gegen Kriminalität.

Leben Sie nicht in Angst! Leben Sie im Vertrauen! Stellen Sie sich, Ihre Lieben, Ihre Tiere, Ihr Haus, unter die Kraft und die Macht Gottes und der Engel. Diese Macht ist stärker, als Sie glauben. Diese Liebe ist stärker als unsere Feinde! Ihr Engel ist immer für Sie da, wenn Sie nach ihm rufen. Auf Ihren Engel ist immer Verlass!

Das einzige Land, das noch im Sinne der Demokratie lebt, ist die Schweiz. Jedes größere Problem wird durch Wahlen der Bürger, die in diesem Land leben, abgesegnet. Sie dürfen wählen, wenn es Probleme gibt. So sollte es auch bei uns sein. Denn wir sind das Volk. Und nicht die machtgierigen Politiker, die uns angeblich regieren wollen. Aber hinter den Politikern stehen ganz andere, die regieren! Wenn wir eine eigene Meinung haben, werden wir von den Politikern als Rechtsradikale beschimpft. Es gibt sie vielleicht noch, die paar guten Politiker, aber sie können nicht immer gegen den Strom schwimmen. Irgendwann geben sie auf. Nun kommen meine Freundinnen und Bekannten zu mir und sagen: „Marlene, du hattest recht, wir leben wirklich nicht mehr in dem freien Deutschland von früher. Wie konntest du so weitsichtig sein?“

Auch im Himmel gibt es Demokratie. Gott hat uns allen einen freien Willen gegeben. Und wir sollten stolz darauf sein. Aber nicht nur ich, sondern auch Gott mit seinen höheren Mächten hat wenig Freude an uns. Deshalb vergessen Sie das Gebet nicht und die Gespräche mit Ihrem Engel. Denn jeder von uns hat einen Engel, der auf Sie und auch auf das Weltgeschehen einwirken kann. Wie positiv, glücklich und zufrieden wäre unsere Welt, wenn jeder Mensch ein Gespräch mit seinem Engel führen würde und ihn um Frieden, Liebe, Freude, Glück und positive Energie für unsere Erde bitten würde. Glauben Sie mir, ich wollte kein Buch mehr schreiben. Ich war der Meinung, alles wäre bereits gesagt. Aber gestern rief mich eine Frau an und sagte: „Ich muss unbedingt mit Ihnen reden. Ich habe alle Ihre sieben Engelbücher als E-Books gelesen. Bitte schreiben Sie noch ein weiteres Buch. Die Welt muss diese Bücher lesen. Die Welt verändert sich. Die meisten Bücher, die es gibt, kann man kaum verstehen, so wissenschaftlich sind diese geschrieben. Aber Ihre Bücher kann man wunderbar lesen und vor allem auch verstehen."

Nachdem ich genau die gleichen Worte von Peter, meinem Seelenverwandten, gehört hatte, machte ich mich daran, wieder ein neues Buch für die Jenseitswelten zu schreiben. Oftmals werden uns vom Himmel Menschen geschickt, die uns motivieren, bestimmte Dinge zu tun. Das Buch soll voller Liebe, guter Gedanken und Energien für uns alle werden. Ich bitte die Jenseitswelten, mir die Gedanken zu übermitteln, damit diese Ihnen Glück und Zufriedenheit bringen. Nichts anderes möchte ich mit den Büchern erreichen für Sie, meine Leser.

Mein Leben veränderte sich durch einen Flugzeugabsturz

Von meinem Lebensgefährten habe ich mich nach 30 Jahren Beziehung getrennt. Wir waren lange sehr glücklich und nichts schaute jemals nach einer Trennung aus. Wir waren sicher, wir werden immer zusammenbleiben. Er hat noch nie ein Buch von mir gelesen, obwohl ich bereits 15 Bücher geschrieben habe, auch Sachbücher und Reiseführer. Sehr oft hat es mich verletzt, dass er so wenig Interesse an meiner Arbeit zeigte, denn Gott und seine Engel sind sehr wichtig in meinem Leben.

Er wurde bei seiner Arbeit immer mit sehr unangenehmen Dingen konfrontiert. Das schlimmste Ereignis für ihn war der Zusammenstoß der zwei Flugzeuge über dem Bodensee. Ich erinnere mich noch wie heute an diesen Tag. Mitten in der Nacht wurde es mir so schlecht und ich wusste genau, dass etwas Furchtbares passiert war. Ich dachte, gleich wird das Telefon klingeln und dieser Anruf wird mein ganzes Leben und das Leben vieler Menschen verändern. Und tatsächlich, das Telefon klingelte mitten in der Nacht, und mein damaliger Lebensgefährte wurde zu einem Einsatz an den Bodensee gerufen. Ich machte den Fernseher an, nachdem er gegangen war, und man konnte das ganze Szenario sehen und miterleben. Es war furchtbar. Eine DHL-Maschine war mit einem russischen Flugzeug kollidiert, indem fast nur Kinder saßen. Die ganze Zeit dachte ich an ihn und an das, was er nun alles sehen und erleben musste. Ich konnte so viel Schmerz fühlen. Er musste mit seinen Kollegen die Leichenteile der Kinder zusammensuchen.

Nachdem er von diesem Einsatz zurückgekehrt war, war er nie wieder derselbe. Ich sah ihn im Bett sitzen mit versteinerter Miene. Neben seinem Bett stand ein Gläschen Schnaps. Ich hatte Verständnis. Ich sagte zu ihm ganz behutsam: „Du musst etwas tun! Rede mit mir, oder bitte geh zu einem Psychologen!“ Er sagte: „Da muss ich alleine durch, und wenn ich es nicht alleine schaffe, dann habe ich den falschen Beruf.“ Er legte die seelischen Qualen als Schwäche aus. Aber wir sind nur Menschen und es ist schön, wenn wir emphatisch mit anderen Menschen empfinden können. Ich sah darin keine Schwäche, im Gegenteil! Leider hat er es nicht alleine geschafft. Auch mit meiner Liebe und meinem Verständnis hat er es nicht geschafft. Er wollte immer emotional stark sein, aber sein Helfer wurde der Alkohol. In den ersten Jahren begann es schleichend. Es ist mir kaum aufgefallen. Er schaffte es aber immerhin, erst ab 17 Uhr zu trinken. Seine Arbeit litt nicht darunter. Er war immer pünktlich und zuverlässig und nie krank. Aber um 20:30 Uhr lag er bereits im Bett. Was mir aber auffiel, war, dass sich sein Wesen so veränderte. Er konnte kaum noch Freude empfinden und er lachte ganz wenig. Wenn ich versuchte, ihn zum Lachen zu bringen, kam keine Freude zurück. Für mich hatte er seine Lebensfreude verloren. Ich war auch der

Meinung, dass er eine ernstzunehmende Depression hatte. Ich hätte ihm helfen können. Aber er nahm meine Hilfe nie an, wenn ich sie ihm anbot. Er gehörte ja zum starken Geschlecht. Von einer Frau hätte er sich nie etwas sagen oder helfen lassen. Er sprach auch nicht darüber, was ihn bedrückte. Sein Leben bestand nur noch aus Traurigkeit. Leider fing auch ich an, darunter zu leiden. Als ich ihn fragte, was ihm einmal so gut an mir gefallen habe, da sagte er, dass ich immer so gut gelaunt sei und die Menschen zum Lachen bringe. Ja, ich bin/war immer gut gelaunt. Aber in den letzten zwei Jahren unserer Beziehung wollte er nur noch traurig sein. Ich wollte aber nicht traurig sein! Trauer macht krank. Und traurig sein macht unglücklich. Wir stritten nicht, aber es war wie eine Wand zwischen uns. Ich kam nicht mehr an ihn heran.

Also kaufte ich mir mehrere Bücher über Alkoholismus und was man tun kann. Ich ging sogar mit einer Freundin zu einem Treffen der anonymen Alkoholiker, obwohl ich gar keinen Alkohol trinke. Sie haben mir an diesem Abend sehr geholfen. Dort waren Männer und Frauen, die einmal vom Alkohol abhängig waren. Der ganze Abend drehte sich eigentlich nur um mich. Sie haben mich so gut aufgenommen. Über so viel Mitgefühl musste ich sogar weinen. Aber alle sagten einstimmig, ich müsse ihn verlassen, denn das würde mich mit der Zeit kaputtmachen. Er könne sein Leben ruinieren, wenn er nichts unternehme, aber mein Leben müsse ich schützen. Das mit dem Verlassen war nicht so einfach, nach all den Jahren.

Die Bücher, die ich las, beschrieben, wie man sich verhält, wenn der Partner alkoholabhängig ist. Sie sagten aus, man müsse ab sofort sein eigenes Leben gestalten, damit der Partner verstehe, dass man mit dessen Alkoholproblem nicht mehr leben möchte. Und das tat ich auch. Ich zog aus dem gemeinsamen Schlafzimmer aus und lebte ab sofort mein eigenes Leben. Ich fuhr mit meiner Freundin in Urlaub und fühlte mich trotzdem sehr einsam. Denn ich bin ein Mensch, der gerne redet, gerne in Gesellschaft ist, gerne liebt und auch jemanden braucht, der mich liebt. Aber durch den Auszug aus dem gemeinsamen Schlafzimmer wurde es nicht besser. Im Gegenteil. Ich fragte mich insgeheim, ob ich richtig gehandelt habe. Fühlte er sich von mir alleingelassen? Ich bin kein Mensch, der andere schulmeistert oder im Stich lässt, wenn sie meine Hilfe benötigen. Doch dann musste ich wieder an den Abend bei den „Anonymen Alkoholikern" denken. Und die Worte einer Frau, die sagte: „Marlene, ich musste ganz unten sein, um wieder zur Vernunft zu kommen. Mein Mann hat mich immer wieder aufgefangen, und das war falsch. Erst als man mir androhte, ich würde meine Stelle verlieren, und als mein Mann sich von mir trennte, da kam bei mir das große Erwachen." Also machte ich weiter, ich schlief weiterhin in einem anderen Zimmer und hoffte auf Einsicht. Während dieser Zeit habe ich sehr viel gebetet. Aber manche Gebete werden einfach nicht erhört. Es war eine Lernaufgabe für beide Seelen oder man hatte mit uns etwas anderes vor.

Als wir uns trennten, beim Abschied, bat ich seinen Engel, gut auf ihn aufzupassen und ihn zu beschützen. Außerdem solle er ihm die Kraft geben, sein Leben zu ändern, um wieder glücklich zu werden.

Alkohol ist heute ein Genussmittel. Und die Menschen sehen nicht ein, dass sie ein Problem damit bekommen können. Man sollte diese Thematik nicht verharmlosen. Alkohol bringt sehr viel Schmerz in die Familien. Ich sage auch immer: „Ein Raucher macht seine Lungen kaputt, aber ein Trinker die ganze Familie.“ Das konnte ich bei vielen Menschen beobachten.

Ich habe meinen Seelenverwandten getroffen

Es war mir bekannt, dass es diese bestimmte Seelenliebe gibt. Ich war mir aber auch sicher, ich würde diese Seelenliebe niemals in diesem Leben finden.

Und nun fragen Sie sich, was soll das Ganze mit Engeln zu tun haben? Jetzt kommt mein Engel ins Spiel. Jede Nacht redete ich mit ihm und bat ihn, mir einen Menschen in mein Leben zu schicken, der denkt wie ich, der lieben kann wie ich und, vor allem, der an Engel glaubt wie ich. Ich wollte nie mehr einen Menschen kennenlernen, der über meine Liebe zu Engeln lacht, wie das mein damaliger Partner tat, von dem ich mich in der Zwischenzeit friedlich getrennt hatte.

Dann ging ich an den Computer, um meine Mails abzurufen. An dem Tag bekam ich eine Nachricht von einem ganz besonderen Menschen. Bereits als ich die Mail öffnete, wusste ich, wie wichtig diese Nachricht für mich sein würde. Er schrieb mir, dass er meine Bücher alle gelesen hätte und, sollte ich ein weiteres Buch schreiben, ich ihm das bitte mitteilen soll, damit er es sich kaufen kann. Ich war so fasziniert von dieser lieben und freundlichen Nachricht. Ein Mann, der Engel liebt! Gibt es so etwas? War das der Mann, um den ich die Engel immer gebeten hatte? Denn bis dato kam kein Mann in mein Leben, der von Engeln fasziniert war. Wir schrieben uns damals sporadisch. Aber ich wusste immer, er ist etwas ganz Besonderes. Man schickte mir einen Menschen, der Engel liebt! Allein diese Tatsache machte mich sehr glücklich. Er bat mich, ihn einmal besuchen zu kommen, wenn ich Zeit hätte. Und ich habe ihn mit meiner Freundin besucht. Ich kann diese Gefühle ganz schlecht in Worten ausdrücken. Bereits als ich ihn das erste Mal sah, wusste ich sofort, das ist der Mensch, den ich immer gesucht hatte. Ich konnte durch seine Augen in seine Seele sehen und ich wusste sofort, er ist mein Seelenverwandter. Er war mir nicht fremd. Ich dachte: „Wo warst du nur die ganze Zeit? Ich habe ein Leben lang auf dich gewartet!“ Aufgrund der großen Entfernung haben wir uns nicht mehr gesehen. Es ist auch keine körperliche Liebe, sondern eine Seelenliebe vorhanden. Und ich muss ihn nicht sehen, um ihm nahe zu sein. Unsere Seelen sind im Gleichklang. Wir schreiben uns sehr oft und er ist aus meinem Leben nicht mehr wegzudenken. Er ist eine ganz besondere Seele. Und ich bin sicher, er wurde mir vom Himmel geschickt. Er hat mich auch dazu ermuntert, für eine Zeitschrift über Engel zu schreiben und noch einmal ein neues Buch für meine Leser zu veröffentlichen. Ich hatte tatsächlich mit dem Schreiben abgeschlossen. Und er hat es geschafft, mich wieder zum Schreiben zu bringen. Wurde er mir deshalb geschickt? Damit ich für die Jenseitswelten ein weiteres Buch schreiben würde? Leider finden Seelenverwandte in den seltensten Fällen den Weg in ein gemeinsames Leben. So ist es auch bei uns. Jeder lebt in seiner Welt.

Für meine himmlischen Freunde schreibe ich sehr gerne, auch für die Leser meiner Bücher. Weniger gerne schreibe ich für die Engelkritiker. Davon gibt es leider genug. Auch in der eigenen Familie. Und das macht mich immer sehr, sehr traurig. Dabei möchte ich nur helfen und den Menschen mitteilen, dass es auf der anderen Seite noch etwas anderes gibt. In den Jenseitswelten herrscht vor allem sehr viel Liebe und Freiheit und Verständnis für den anderen.

Zeit des Abschieds

Abschied ist ein ganz wichtiger Bestandteil unseres Lebens. Irgendwann werden wir erwachsen und gehen aus dem Haus. Wir nehmen uns eine eigene Wohnung, wir werden selbstständig. Dann müssen wir uns von lieben Menschen, zum Beispiel von unseren Großeltern oder Eltern trennen, weil sie auf die andere Seite gehen. Immer gibt es Schmerz, Trauer und Abschied in unserem Leben. Und Abschied tut furchtbar weh. In meinem Leben musste ich mich bereits von so vielen Menschen verabschieden und die Tatsache, dass ich sie auch nach ihrem Tod sehen und sprechen darf, macht mir die Trennung immer etwas leichter. Ich weiß, sie sind nicht tot. Sie leben nur in einer anderen Daseinsform.

Aber es gibt auch den emotionalen Abschied, die Trennung in einer Beziehung. Menschen, die so gar nicht zusammenpassen, quälen sich bis ans Lebensende durch ihre Beziehungen. Vielen Menschen gelingt es nicht, eine Entscheidung zu treffen. Lieber leiden sie. Ihre Argumente sind die Kinder, das Geld, das Haus, die Religion, die Familie, die Arbeit und die Gewohnheit. Sie haben Angst vor einem neuen Lebensabschnitt.

Aber Gott hat Sie nicht auserwählt, damit Sie ein Leben lang unglücklich sind und leiden! Gott gab uns allen einen freien Willen. Ich glaube auch an die Zehn Gebote, aber Gott ist gut und würde niemals von Ihnen verlangen, mit einem Menschen zusammen zu sein, der Sie schlägt oder seelisch misshandelt. Der Ihre Talente unterdrückt und Sie am liebsten einsperrt, damit Sie mit anderen Menschen nicht zusammenkommen, weil er eifersüchtig ist. Es ist die eigene Unsicherheit, wenn so etwas geschieht. Treffen Sie eine Entscheidung, denn Sie haben ein besseres Leben verdient. Leben auf diesem Planeten bedeutet auch zu lernen. Sie sollen aber nicht lernen, wie man einen Menschen schlecht behandelt oder selbst schlecht behandelt wird. Sondern Sie sollen lieben lernen und auch lieben und vor allem sollen Sie auch geliebt werden. Das hat jeder Mensch verdient. Liebe ist der Motor des Lebens. Liebe ist der Motor der Welt. Ohne Liebe geht gar nichts. Falls das bei Ihnen nicht zutrifft, wenn in Ihrer Beziehung keine Liebe existiert, überdenken Sie Ihre Beziehung und tun Sie genau dass, was für Sie am besten und richtig ist. Denken Sie an sich! Es kann ja sein, dass Ihre Beziehung vor zehn oder zwanzig Jahren einmal stimmig war. Aber Menschen verändern sich. In einer Partnerschaft kommt es sehr oft vor, dass sich im Laufe der Zeit Mann und Frau in eine andere Richtung entwickeln. Bedingt durch den Beruf, durch Alkohol, Drogen, schlechten Umgang, Minderwertigkeitsgefühle, Neid. Und es kann jeden von uns treffen. Aber leiden Sie nicht bis ans Ende Ihrer Tage. Selbst alleine zu leben ist besser, als zu zweit alleine zu sein. Denn geht eine Türe zu, werden sich wieder zwei neue Türen öffnen. Es gibt so viel zu tun für jeden von uns. Aber wir müssen Entscheidungen treffen und raus in die Welt gehen.

Ich möchte Ihnen nur sagen, Ihr Engel wird Sie dabei unterstützen. Reden Sie mit ihm. Denn er ist Ihr persönlicher Schutzengel und er ist glücklich, wenn Sie, sein Schützling, glücklich sind, wenn Sie lachen und Freude empfinden. Ich weiß es deshalb so genau, weil mein Engel genau in so einer traurigen Stunde zu mir kam und mir Liebe und Trost und erneut Lebensfreude geschickt hat. Er war so wunderschön und um mich besorgt. Ab diesem Tag, an dem ich ihn sah, wurde ich auch ein anderer Mensch. Ich konnte mehr Freude, mehr Liebe und mehr Glück empfinden. Dieser besondere Tag hat mein ganzes Leben verändert. Er hat mich veranlasst, diese Bücher zu schreiben. Und so möchte ich, dass dieser Engel, Ihr persönlicher Engel, auch Ihr Leben verändert. Lassen Sie Ihren Engel in Ihr Leben, denn er will, dass Sie glücklich sind! Aber auch Sie müssen es wollen, glücklich zu werden. Wenn es auch noch so schwerfällt, treffen Sie eine Entscheidung für Ihr Leben. Nehmen Sie Ihr Leben und Ihr Glück wieder in die Hand. Vor allem fangen Sie an sich selbst zu lieben und denken Sie an sich. Wie können Ihre Kinder glücklich sein, wenn Sie unglücklich sind und Sie Ihren Kindern Traurigkeit vorleben. Ich kann Ihnen versichern, ich weiß, wie schwer es ist, sich von jemandem zu trennen. Aber ich bin mir sicher, Liebe wird sich immer finden, und es wird immer das zusammenkommen, was zusammengehört. Ihr Engel wird Sie dabei unterstützen, den richtigen Partner zu finden. Aber nicht vergessen, Ihren Engel darum zu bitten. Sie dürfen auch Ihre Vorstellungen und die Eigenschaften, die Sie von Ihrem neuen Partner erwarten, vortragen.

Meine Freundin Doro hat Krebs

Wir trafen uns noch Anfang 2014 in Calpe, wo Doro und ihr Mann ein Ferienhaus gemietet hatten. Eigentlich wollte ich nicht fliegen, denn ich fühlte mich so leer und ausgepowert. Aber irgendwie konnte Doro mich doch zu einem Treffen überreden. Es war so, als hätte ihre Seele bereits gewusst, dass es unser letztes Treffen sein würde. Sie erzählte mir von dem schönen Haus mit dem herrlichen Blick auf das Meer. Damals wusste sie bereits, dass sie einen Knoten in der Brust hatte, aber sie hatte es niemandem erzählt, auch nicht ihrer Familie. Sie sah auch blendend aus. Ich war eher ein Häufchen Elend. Ich war so erschöpft, dass ich am ersten Tag bis um halb zwölf schlief. So etwas war mir noch nie passiert. Zumal ich Gast bei meinen Freunden war. Doro und ihr Mann warteten geduldig auf mich mit dem Frühstück. Wir verbrachten eine schöne Woche zusammen, aber niemals sprach sie über ihre Krankheit.

Als sie dann wieder in Frankreich waren, Doro und ihre Familie lebten in Frankreich, ging sie zu einem Arzt. Nach einer längeren Untersuchung gab er ihr eine Einweisung ins Krankenhaus. Nach diversen Untersuchungen wurde ihr mitgeteilt, dass der Krebs bereits gestreut habe. Zuerst müsse man eine Chemotherapie machen und danach operieren. Doro wollte es ursprünglich mit der Kraft der Natur versuchen und mit der Kraft der Gedanken und der Sonne in Frankreich.

Aber im Krankenhaus sagte der Arzt: „Wir machen eine Chemotherapie und dann werden Sie operiert." Er beruhigte sie mit den Worten: „Sie sind ja noch so jung, Sie schaffen das!" Wir telefonierten fast täglich. Zum Glück hat sie mich niemals gefragt, was sie tun soll. Ich hätte diese Last mittragen müssen, hätte ich ihr zu dem einen oder anderen geraten, falls ihr etwas zugestoßen wäre. Doro war ein sehr einfühlsamer Mensch. Sie wusste auch, wie ich mich entschieden hätte. Deshalb fragte sie mich nicht. Ab diesem Tag ernährte sie sich gesund. Sie trank frische Säfte, nahm Salvestrole und verzichtete auf Süßigkeiten (Krebs liebt Zucker) und andere ungesunde Dinge. Ich sagte ihr, dass ich täglich für sie beten würde. Das tat ich auch. Ich war mir ganz sicher, die Kraft der Gebete können Wunder bewirken. Und tatsächlich, das Wunder, es geschah. Nach der vierten Chemotherapie war Doro krebsfrei. Die Ärztin strahlte, als sie ihr nach dem Screening das Ergebnis mitteilte, und sagte, so etwas habe sie noch nie erlebt, dass jemand so schnell krebsfrei sei. Die Ärztin meinte, sie müsse noch nicht einmal mehr operiert werden. Es war tatsächlich ein Wunder geschehen. Wir freuten uns alle mit ihr. Dann aber rief mich Doro an und sagte: „Marlene, die wollen mir noch eine andere Chemo verabreichen, damit auch bestimmt nichts mehr nachkommt." Ich sagte, die sollen sie jetzt mal in Ruhe lassen, denn ihr Immunsystem müsse sich zuerst einmal erholen. Es sei geschwächt. Aber die Ärzte meinten, sie hätte ja alles bis dato so wunderbar weggesteckt. So war es tatsächlich. Dann kam mit der neuen Chemo die Katastrophe. Doro musste ins Krankenhaus. Sie war überall wund, der Mund war voller Blasen, sie hatte furchtbare Schmerzen. Sie konnte nicht mehr schlucken, nicht mehr essen, kaum sprechen. Und was taten die Ärzte? Sie gaben ihr eine weitere Chemo. Ihre Leidenszeit fing mit der neuen Therapie an. Ich sagte zu ihr: „Doro, die müssen jetzt aufhören, denn du verträgst diese neue Chemo nicht. Du hast doch keinen Krebs mehr, lass sie damit aufhören!" Diesen Satz werde ich niemals mehr vergessen! Doro antwortete mir: „Marlene, die Ärzte sagen, nur noch zwei Mal, als Vorsichtsmaßnahme, und Mitte Dezember 2014 bin ich durch."

Dies war unser letztes Telefonat. Meine beste Freundin ist tot! Doro starb am Morgen des 25.11.2014 um 07:15 Uhr in Narbonne im Krankenhaus. Es war ein Schock für mich, von dem ich mich noch immer nicht erholt habe. Sie war noch so jung und lebenslustig und hat an ihre Genesung geglaubt. Ja, wir alle haben an eine Genesung geglaubt. Doro war so optimistisch und voller Zuversicht. Sie hatte auch die Unterstützung der Familie und ihrer Freunde. Ich war nicht zornig auf Gott. Ich hatte aber eine große Wut auf die Ärzte. Die auf Biegen und Brechen das volle Programm durchziehen mussten. Nicht der Krebs hat meine Freundin umgebracht, sondern die Chemotherapie.

Forscher haben die Ergebnisse von 15 unterschiedlichen Studien analysiert, mit insgesamt 6.200 Patientinnen, die an Brustkrebs im Frühstadium litten. Die Lymphknoten aller Patientinnen waren bereits befallen, aber der Krebs hatte sich noch nicht auf andere Organe ausgebreitet. Das Ergebnis dieser Untersuchung war, dass die Patientinnen, die sich der hochdosierten Chemotherapie unterzogen hatten, an den Folgen der starken Vergiftung ihres Körpers starben.

Ich hoffe, dass die Ärzte irgendwann einmal das Immunsystem der Menschen stärken, anstatt es zu zerstören, damit der Körper sich gegen den Krebs wehren kann.

In der Zwischenzeit habe ich weitere Studien verfolgt: Immer wieder sagte ich zu Doro: „Du darfst vor einer Chemo nicht so viel essen, auch Heilfasten ist ein wirksames Mittel gegen Krebs, man kann den Krebs aushungern." Sie meinte: „Marlene, das kann ich nicht, ohne ein gutes Frühstück gehe ich nicht aus dem Haus, sonst wird es mir schlecht."

Nun wurde tatsächlich bei Versuchen an Mäusen festgestellt, dass diejenigen, die vor der Chemo kein Futter bekamen, alle überlebt haben. Bei den Mäusen, die alle gut gefüttert wurden, hat nur eine Maus das Ganze überlebt.

In den USA wurde ebenfalls festgestellt, dass eine Chemo ohne Stärkung des Immunsystems tatsächlich fatale Folgen haben kann. Nun wird eine Chemotherapie gleichzeitig mit der Stärkung des Immunsystems durchgeführt. Bei den Probanden hat man festgestellt, dass sie alle besser durch die Chemo kamen, kaum an Nebenwirkungen litten und die Überlebenschance größer war. Ich sagte bereits vor vielen Jahren: „Wie kann man gesund werden, wenn das Immunsystem zerstört und auf null gefahren wird. Gegen was kann der Körper dann noch kämpfen, wenn man alles Gute zerstört?“ Manchmal frage ich mich, woher die richtigen Gedanken immer kommen? Sind es meine göttlichen Freunde, die mir diese Informationen eingeben? Letztlich war immer alles richtig. Nur leider hatte ich meiner Freundin nicht ausreden können, auf die letzte Chemo zu verzichten.

Ein Reporter wollte einen Bericht über die Behandlung von Krebs schreiben. Dies war meine Antwort auf die Frage, ob auch alternative Mittel den Krebs heilen können:

Guten Tag Andreas,

ich bekam eine Benachrichtigung von Amazon, dass zum Thema „Alternative Behandlung bei Krebs“ eine neue Frage eingetroffen ist.

Ich war freie Journalistin mit einer Ausbildung zur Heilpraktikerin und habe einen Buchverlag. Ständig beschäftige ich mich mit dem Thema „Krebs“. Nicht als Hypochonder, nein, auch nicht für mich, sondern um in meinem Freundeskreis zu helfen. Vor allem was kann man tun, damit es gar nicht erst so weit kommt. Oder was man tun kann, wenn man Krebs bekommt.

Auf keinen Fall sollte man sein Immunsystem so runterfahren, dass der Körper nicht mehr kämpfen kann. Aber genau das passiert bei einer Chemotherapie. Die Krebszellen benötigen ein starkes, gesundes Immunsystem, das den Kampf gegen den Krebs aufnehmen kann.

Es kommt der Pharmaindustrie sehr gelegen, die Menschen für dumm verkaufen zu wollen. Es ist nicht bewiesen, dass eine Chemotherapie Leben rettet. Aber würden Sie oder ich beweisen, dass Chemo tötet und es bessere Alternativen gäbe, hätten wir leider nichts mehr zu lachen, da die Geldmaschine der Pharmalobby versiegen würde.

B17 (Aprikosenkerne unter ärztlicher Aufsicht, als Infusion) und Salvestrole. Hochdosiertes Vitamin C, reiner Bio-Graviola-Saft, eine positive Einstellung zum Leben, ein intaktes Familienleben, Sonne und Licht und Bioprodukte sind sehr gute Alternativen zur Chemo. Aber kann man positiv sein, wenn es einem schlecht geht, die Haare ausfallen? Natürlich muss man seine Lebensgewohnheiten überprüfen. Und der Satz: „Du bist, was du isst" stimmt tatsächlich.

Lesen Sie mal das Buch: „Wie ich meinen Arzt davon abhalte, mich umzubringen." Dann lesen Sie mal bitte die Kritiken und Rezensionen. Da hören Sie genau die Worte der Pharmaindustrie und der Ärzteschaft, die so ihr Geld verdienen. Sie machen einen Arzt fertig, der gegen den Strom schwimmt und im Recht ist, weil er einer der wenigen ist, der die Wahrheit sagt.

Ich habe meine Ausbildung zur Heilpraktikerin deshalb gemacht, weil ich zu den wenigsten Ärzten Vertrauen habe. Das Erste, was ich immer gefragt wurde, wenn meine Mama ins Krankenhaus kam, war: „Ist Ihre Mutter privat versichert?" Weil ich auch den Menschen in meinem Umfeld helfen möchte. Vielleicht eines Tages auch mir selbst. Die Entstehung von Krebs kommt auch durch Verpackungen, Zusatzstoffe im Essen und die Zerstörung unserer Umwelt durch Umweltgifte. Immer wieder ist der Profit die Antriebsfeder der Industrie. Der Mensch ist dabei nicht mehr wichtig!

Eine Cousine von mir ist mit zwei Jahren an einer Pockenimpfung gestorben. Meine Freundin starb nach der fünften Chemo. Eine andere Freundin hat nun keine Haare mehr, weil sie glaubte, sich jährlich gegen Grippe impfen lassen zu müssen. Es gibt so viele Grippeerreger. Wer sagt uns, dass genau dieses Mittel gegen diesen Grippeerreger nützt. Ich habe mich vor vielen Jahren auch gegen Grippe impfen lassen. Ich war noch nie so krank wie nach der Impfung.

Als ich nach Thailand flog, nahm ich zur Sicherheit vorab Malaria-Tabletten. Ich bekam die gleichen Symptome wie bei einer Malaria, hohes Fieber und Schüttelfrost. Und meine Haare verfärbten sich quittengelb. Ich war kurz davor, den Flug abzusagen, weil ich so krank war. Deshalb ging ich zum Arzt, der mir die Tabletten verschrieben hatte. Er meinte dann, sie sind so ein zartes Persönchen, vielleicht war die Dosis zu hoch. Seit der Zeit bin ich vorsichtig mit der Einnahme von Tabletten.

Ich habe recherchiert, warum so viele Haustiere Krebs haben. Bei Tieren wird tatsächlich offen darüber geschrieben. Es kommt vom vielen Impfen und vom Essen. Für uns Menschen gilt das nicht?

Bereits im Jahr 2013 schrieb ich an Nivea, dass ich enttäuscht sei, weil sie mit dazu beitragen, dass so viele Frauen an Brustkrebs erkranken, weil ihre Deos Aluminium enthalten. Sie schrieben mir: „Tut uns leid, aber ohne geht es nicht!" Nun geht es aber doch, weil ein paar Hartnäckige es fertigbrachten, den Nachweis zu erbringen, dass Aluminium krebserregend ist. So glaube ich auch, dass von Essen aus der Dose und Aluminium Alzheimer und Parkinson ausgeht. Meine Mama und ihr Lebensgefährte waren beide an Parkinson erkrankt. Und meine Mama, ein Kriegskind, hat immer das Gemüse aus der Dose gekauft. Alles musste ja haltbar sein, für den Fall. Dann kam noch dazu, dass sie und ihr Partner immer in der Kantine essen waren. Da kam auch das meiste aus der Dose. Bei mir kam das nicht infrage.

Da müssen aber andere kommen, um das zu beweisen. Ich bin leider kein Forscher, sondern habe nur einen gesunden Menschenverstand.

Ich bekam immer eine Aufforderung, meine Brust gegen Krebs untersuchen zu lassen. Ich sagte, sie sollen mich aus der Liste streichen. Ihre Antwort lautete: „Aha, Sie bevorzugen Krebs!" Ich sagte: „Mit Strahlen gegen Krebs? Ein wunderbares Mittel, um an Krebs zu erkranken! Nein danke! Blinde Frauen sind besser als jedes Strahlengerät. Sie können Brustkrebs weitaus besser mit ihren Händen ertasten und es ist noch kostengünstiger."

Andreas, ich wünsche Ihnen viel Glück mit Ihren Veröffentlichungen. Aber Sie müssen sich sehr vorsichtig und gewählt ausdrücken, damit man Ihnen keine Probleme macht! Es sei denn, Sie haben gute Nerven.

Liebe Grüße

Marlene Toussaint

Zu Graviola-Saft möchte ich noch etwas ergänzen. Die Graviola-Pflanze wird auch Stachelanemone oder Soursop genannt. Man findet sie in den Tropen. Die stachelige, grüne Frucht mit weißem Fruchtfleisch wird von den Einheimischen als Medikament verwendet. Unter anderem bei bakteriellen Infekten und Pilzinfektionen, bei Bluthochdruck, Würmern und auch gegen Krebs. In Laborstudien konnten Extrakte der Graviola-Frucht sogar Leber- und Brustkrebszellen abtöten. Bereits in den 70er-Jahren wurden in den USA vom National Cancer Institut NCI Untersuchungen durchgeführt. Es kamen sehr interessante Resultate zutage. Die Studien zeigten, dass die Blätter und die Stängel der Pflanze erfolgreich darin waren, bestimmte Krebszellen im Körper zu zerstören. Die positiven Ergebnisse existieren nur in einem internen Bericht und sind nicht für die Öffentlichkeit bestimmt.

Das Gewürz Curcumin kann bei Darmkrebs Wucherungen der Zellen stoppen. Es genügen bereits max. acht Gramm Curcumin. Es ist ein wesentlicher Bestandteil des Currypulvers. Deshalb kennt man in Indien keinen Darmkrebs. Diese Krebsart ist in den westlichen Ländern die häufigste Krebserkrankung. Meistens sind der Lebensstil und die Ernährung die Auslöser von Darmkrebs.

Derzeit fängt man bei der Bekämpfung gegen Krebs mit erfolgversprechenden Immuntherapien an. Es geht darum, das Immunsystem anzuhalten, gegen den Krebs zu kämpfen. Grundsätzlich erkennt das Immunsystem eigenständig das Vorhandensein von Krebszellen und kämpft dagegen. Aber manchmal gelingt es den Krebszellen, sich so zu verändern, dass das Immunsystem sie nicht mehr erkennt. Die Krebsimmuntherapie kann das Immunsystem so beeinflussen, dass es die Krebszellen wiedererkennt und zerstört. Dies geschieht durch die Gabe von Antikörpern, von speziell selektierten oder veränderten Immunzellen von Botenstoffen, die die Krebszellen wieder erkennen und diese zerstören.

Sollte jemand an Krebs erkrankt sein, sollen meine Worte nicht erschrecken. Sie dürfen auch nicht glauben, dass ich jemanden von einem Arztbesuch abhalten möchte. Im Gegenteil, ein guter Arzt ist sehr wichtig, wenn man an Krebs erkrankt ist. Ich habe Ihnen nur meine eigene Meinung vermitteln wollen. Ich bin mir auch ganz sicher, dass Gott gegen jede Krankheit ein Kraut hat wachsen lassen. Und ich bin mir sicher, jeder Mensch weiß am besten, was für ihn gut ist. Denn jeder Mensch ist anders und was bei dem einen hilft, kann dem anderen schaden. Ich weiß aber auch, dass es bereits Mittel und Wege gegen Krebs gibt, die aber nicht auf den Markt sollen.

Das war das Antwortschreiben von Nivea-Beiersdorf.

Beiersdorf Aktiengesellschaft, Postadresse: 20245 Hamburg

Per E-Mail: info@mato-verlag.de

Ihr Schreiben vom	Unsere Zeichen	Telefon	Telefax	Datum
25.04.2013	00918881	040-4909-7575		25.04.2013

NIVEA Hair Care Pflege Shampoo

Guten Tag Frau Toussaint,

vielen Dank für Ihre Webformular-Anfrage. Wir freuen uns sehr über Ihr Interesse an der Marke NIVEA. Sie teilten uns mit, dass Sie aufgrund eines Fernsehberichtes verunsichert sind, Kosmetika mit Aluminiumbestandteilen zu verwenden. Dies können wir gut nachvollziehen. Wir können Sie jedoch beruhigen: Die Verwendung unserer Produkte ist gesundheitlich völlig unbedenklich.

Gerne geben wir Ihnen nachfolgend nähere Informationen zu Aluminiumsalzen in kosmetischen Produkten, insbesondere in Deodorants.

Bei hohen Temperaturen oder körperlicher Anstrengung bricht uns Menschen der Schweiß aus. Während manche sehr schnell schwitzen, dauert es bei anderen länger. Für alle gilt jedoch: Schweißflecken unter den Armen kommen selten gelegen. Deodorants mit schweißhemmender Wirkung, auch Antitranspirantien genannt, verhindern solche unangenehmen Überraschungen. Im Gegensatz zu normalen Deodorants, die lediglich das Wachstum der geruchsverursachenden Bakterien auf der Haut eindämmen, sorgen Antitranspirantien dafür, dass wir weniger schwitzen. Um diesen Effekt zu erreichen, verwendet Beiersdorf Aluminiumsalze. Diese Salze werden in der Fachsprache Aluminiumchlorohydrate genannt.

Aluminiumsalze hemmen den Schweißfluss in den Achseln, indem sie im Zusammenspiel mit körpereigenen Stoffen die Schweißdrüsen verschließen. Das ist gerade für Menschen, die sonst sehr viel schwitzen, eine große Erleichterung. Beiersdorf verwendet Aluminiumsalze in allen Antitranspirantien. Außerdem haben bestimmte Aluminiumsalze eine stabilisierende Wirkung, weshalb sie Beiersdorf auch in einigen Cremes einsetzt, um die Haltbarkeit der Produkte zu erhöhen.

Der Vorwurf, der vorübergehende Verschluss der Schweißdrüsenkanäle durch Aluminiumsalze sei gesundheitsschädlich, ist unbegründet. Die Fläche der Achselhaut ist im Vergleich zur gesamten Körperoberfläche sehr klein. Die Verengung der Schweißporenausgänge stört deshalb die Wärmeregulierung des Körpers nicht, denn die übrige Körperoberfläche übernimmt diese Funktion. Was allerdings nicht heißt, dass man an anderen Körperstellen merklich stärker schwitzt, da sich die Wärmeregulierung dann über den ganzen Körper verteilt. Außerdem werden die Schweißdrüsen an den Achseln durch den natürlichen Erneuerungsprozess der Haut nach und nach wieder geöffnet. Aluminiumsalze standen zudem einige Zeit im Verdacht, über die Haut in den Körper zu gelangen und dort Brustkrebs auszulösen. Auch dieser Vorwurf ist haltlos: Eine Veröffentlichung aus dem Jahr 2008, bei der 59 Untersuchungen zu diesem Thema zusammengefasst wurden, kommt zu dem Schluss, dass es keine wissenschaftlichen Nachweise für diese Theorie gibt. Auch der Vorwurf, Antitranspirantien mit Aluminiumsalzen könnten zu Alzheimer führen, gilt als widerlegt: Das Bundesinstitut für Risikobewertung zum Beispiel hat kein derartiges Risiko bestätigen können.

Ganz allgemein sind Aluminiumverbindungen in der Natur weit verbreitet und werden dort auch von Nahrungspflanzen und Tieren reichlich aufgenommen, ohne dass die Organismen Schaden daran nehmen würden. Aluminium ist das dritthäufigste chemische Element und das häufigste Metall in der Erdkruste. Aluminiumsalze sind Bestandteil unserer täglichen Nahrung. Sie sind zum Beispiel in Obst und Gemüse sowie unserem Trinkwasser enthalten. Die so aufgenommenen Mengen sind laut Weltgesundheitsorganisation gesundheitlich unbedenklich.

Bei einigen Anwendern führen Aluminiumsalze in Antitranspirantien zu Hautirritationen und Juckreiz. Beiersdorf legt großen Wert darauf, seine Produkte vor der Markteinführung an einer großen Zahl von Testpersonen auf ihre Hautverträglichkeit zu prüfen. Doch auch dadurch lässt sich nicht ausschließen, dass es vereinzelt zu allergischen Reaktionen kommen kann. Für besonders sensible Haut haben wir spezielle Produkte entwickelt, die in ihrer Zusammensetzung auf die Anforderungen empfindlicher Haut abgestimmt sind.

Seit mehr als 125 Jahren ist Beiersdorf der führende Experte für Hautpflege. In einem der weltweit modernsten Forschungszentren entwickeln wir Kosmetikprodukte, die die Haut optimal pflegen. Dabei beziehen wir stets die aktuellsten Erkenntnisse der Forschung ein – sowohl aus eigenen Laboren als auch von externen Instituten. Die Inhaltsstoffe, die wir verwenden, müssen nachweislich wirken und gleichzeitig sicher und gut verträglich für die Verbraucher und die Umwelt sein. Das wird in umfangreichen Studien und Tests überprüft. Dabei verzichten wir selbstverständlich auf Tierversuche.

Unabhängige Studien wie z. B. vom Industrieverband für Körperpflege und Waschmittel (http://bit.ly/WbegX4)

belegen, dass das Aluminium keine gesundheitsschädigende Wirkung hervorbringt und somit im Rahmen der handelsüblichen Grenzmengen in Kosmetika genutzt werden darf.

Wir wissen: Unsere Verbraucher und ihre Ansprüche an Hautpflege sind verschieden. Deshalb bieten wir ein möglichst breites Spektrum an Produkten und informieren transparent über die Inhaltsstoffe. Auf diese Weise können unsere Konsumenten selbst entscheiden, welches Produkt in welcher Zusammensetzung das Beste für sie ist.

Wir hoffen, dass wir Ihnen Ihre Verunsicherung mit unserer Stellungnahme nehmen konnten.

Weiterhin teilen Sie uns mit, ob Sie Allergikerin sind. Sollte Ihnen bekannt sein, dass Sie auf bestimmte Inhaltsstoffe allergisch reagieren, teilen Sie uns dieses bitte mit. Hilfreich wäre es für uns, wenn Sie uns eine Kopie Ihres Allergiepasses zukommen lassen würden.

Anhand der Angaben geben wir Ihnen gerne eine Produktempfehlung.

Mit besten Grüßen

Ihr NIVEA Info-Team

Es hat mich gefreut, dass ich vom Nivea Info-Team sofort eine Antwort auf mein Schreiben bekommen habe. Allerdings hat es mich nicht zufriedengestellt.

Waren ihnen die Nebenwirkungen nicht bekannt? Erst einige Jahre später, als der Druck der Medien zu groß wurde, haben sie Aluminium aus ihren Produkten entfernt. Nun wird bei jeder Werbung ausdrücklich darauf hingewiesen, dass in ihren Produkten kein Aluminium enthalten ist. Es hat mich sehr traurig gemacht, dass so viele Firmen, auch die Nahrungsmittelindustrie, die Gesundheit der Menschen aus Profitgier aufs Spiel setzen. Man nimmt an, dass sehr viele Frauen wegen des täglichen und mehrmaligen Gebrauchs von Deos mit Aluminium Brustkrebs bekamen. In meinem Freundeskreis gab es mehrere Freundinnen, die an Brustkrebs erkrankt sind. Jede bestätigte mir einen täglichen und übermäßigen Gebrauch von Deo.

Meine Freundin Marlies bekam ebenfalls Brustkrebs. Sie führte sehr viele Gespräche mit Gott. Er sagte ihr immer wieder: „Marlies, hab keine Angst, du wirst wieder gesund, du wirst vom Krebs geheilt und ich schenke dir noch sehr viele Jahre!“ Marlies wurde wieder vollkommen gesund und jeder bewunderte ihren Optimismus, als sie in der Klinik war. Aber sie verzichtete auf die Chemotherapie, sie bekam nur Bestrahlung.

Niemals würde ich dazu raten, nur mit Pflanzenheilkunde den Krebs besiegen zu wollen. Aber in der Zwischenzeit ist eine Krebserkrankung zu einem sehr lukrativen Geschäft für die Pharmaindustrie geworden. Sollten Sie jemals in diese Situation kommen, gehen Sie bitte zu mehreren Ärzten. Es gibt auch noch ehrliche Ärzte. Ich habe meine Freundin angefleht, zum besten Arzt in Südfrankreich zu gehen. Sie lehnte ab, weil sie sonst zu weit hätte fahren müssen. Ich bot ihr an, sie könne nach Deutschland kommen. Ich würde mit ihr zu den besten Ärzten gehen und auch alternativ die Pflanzenheilkunde anwenden. Ich wollte während ihrer Krankheit für sie sorgen. Sie sagte: „Marlene, ich möchte niemandem zur Last fallen." Aber wenn man einen Menschen liebt, ist es keine Last.

Du bist, was du isst

Dieser Satz wird in unser aller Leben immer wichtiger. Wissenschaftler haben festgestellt, dass viele Lebensmittel bei den Menschen für den Ausbruch von Krebs verantwortlich sind. Aber was dürfen wir noch essen? Die Profitgier lässt die Industrie zu Maßnahmen greifen, die uns eher schaden als nutzen. Antibiotika in der Nahrung lässt eine Resistenz zu. Was bei schlimmen Krankheiten verheerende Folgen haben kann, weil die Wirkung ausbleibt. Aber wenn Sie täglich eine Dosis Antibiotika in Fleisch und Geflügel zu sich nehmen, kann das nicht gesund sein! Meinen Verzehr von Fleisch habe ich drastisch gesenkt. Sollte ich Fleisch kaufen, wenn ich Besuch bekomme oder mal eine gute Suppe kochen möchte, gehe ich zu einem Metzger, von dem ich weiß, wie die Tiere gehalten werden und wo sie herkommen.

Als ich bei einer Vogelschau mit Adlern hörte: „Unsere Adler dürfen kein Schweinefleisch essen, denn sie würden das nicht lange überleben“, dachte ich: „Nun esse ich auch kein Schweinefleisch mehr, denn wenn es dem Adler schadet, kann es auch für meine Familie nicht gesund sein.“ Immer mehr Menschen werden Vegetarier, weil sie nicht mehr ertragen können, wie unsere Nutztiere leiden müssen. Sie werden uns gegeben, damit wir satt werden, aber nicht, dass sie bei uns Menschen durch die Hölle gehen. Nun hat sich sogar ein Gericht mit einem Urteil gegen die Tiere gestellt.

Kleine Küken männlichen Geschlechts dürfen in den Schredder geworfen oder vergast werden. Man hat dagegen geklagt und tatsächlich verloren. Tiere sind nur eine Sache. Die männlichen Tiere bringen keinen Nutzen. Sie können keine Eier legen und haben zu viel Muskelfleisch. Versuchen Sie, mehr Bio-Nahrung zu kaufen. Wenn es auch etwas teurer ist, aber die Menschen müssen zeigen, dass sie sich das nicht mehr gefallen lassen. Ich habe die besondere Gabe, sofort zu erkennen, wenn ein Lebensmittel viel Gift enthält. Gift darf man ja nicht sagen, sondern wenn Lebensmittel übermäßig gespritzt wurden. Am gefährlichsten sind industriell hergestellte Lebensmittel. Sie haben die Eigenschaft, die Darmflora zu zerstören, ihren Blutdruck in die Höhe zu treiben oder im schlimmsten Fall Krebs auszulösen.

Es gibt einen Spruch, der besagt: „Lass die Nahrung deine Medizin sein." Flavonoide schützen vor Herzinfarkt und Krebs. Sie sind hauptsächlich in dunkler Schokolade, dunklem Kakao und grünem Tee enthalten. Brokkoli, Nüsse und Beeren gehören ebenfalls zu den gesündesten Lebensmitteln. Aber Vorsicht, bitte ohne Giftcocktail. Es gibt sie noch, die Bauern, denen unsere Erde etwas wert ist. Aber das ist auch mit höheren Kosten verbunden. Denn auch grüner Tee stand schon in der Kritik, durch zu viel Spritzen weniger die Gesundheit zu fördern als angenommen. Auch Trauben werden oft zu viel gespritzt. Ich kann es schmecken. Und ich esse nur noch die Trauben, die in meinem Garten wachsen. Auch wenn man keinen Garten hat, kann man Gemüse und Obst auf dem Balkon pflanzen. Es hat den Vorteil, dass ihr Obst und Gemüse nicht von Schnecken vertilgt wird.

Die viele Chemie im Essen macht uns und unsere Kinder krank. Emulgatoren stehen im Verdacht, die Darmflora zu zerstören, den Darm zu entzünden und für Übergewicht zu sorgen. Darum werden auch unsere Kinder immer dicker, denn besonders in Süßigkeiten sind Emulgatoren enthalten. Man sollte das Menschenleben schützen und nicht dafür sorgen, dass man die Menschen krank macht. Da hat auch die Politik versagt. In der EU wird geregelt, ob die Bananen und Gurken, die zu krumm sind, noch verkauft werden dürfen. Auch die Mindestmaße für Kartoffeln werden festgelegt. Aber Gifte in der Nahrung stellen kein Problem dar. Da werden die Obergrenzen immer wieder angehoben. Hormonfleisch, Chemiebrötchen, Pestizide und Antibiotika, alles wird legalisiert. Wo bleibt dabei der Mensch? Wird es bewusst in Kauf genommen, dass wir krank werden?

Erst kürzlich sah ich in einem Bericht, wie giftig Lachs ist. Schwangere und Kinder sollten ihn nicht mehr essen. Aber jeden Tag eine Dosis Gift, und der Körper gewöhnt sich daran. Fisch soll eines der giftigsten Lebensmittel geworden sein, wo Fisch doch einmal so gesund war. Vor einem Jahr habe ich in einem Restaurant Fisch gegessen. Beim ersten Bissen stellte ich fest, dass er nach Diesel schmeckte. Aber macht man

Zitrone drauf, bleibt einem der Geschmack verborgen. Da ich keine Zitrone auf Fisch mag, konnte sich bei mir der ganze giftige Geschmack entfalten.

Damit die Zuchtlachse nicht erkranken, weil sie auf engstem Raum leben müssen, werden sie mit Antibiotika vollgepumpt. Zuchtfische werden mit Fischmehl, Pflanzenölen oder Fischöl gefüttert. Fischöl enthält das gesunde Omega 3. Werden die Tiere mit Pflanzenölen gefüttert, entsteht das ungesunde Omega 6. Aber Fischöle sind sehr teuer, so kann man sich denken, was meistens zum Einsatz kommt. Die rosa Farbe wird den Fischen zugesetzt. Der Zuchtfisch hätte sonst eine graue, hässliche Farbe und niemand würde ihn essen. Unsere Flüsse und Meere sind vergiftet. Wildfische sind durch die Verunreinigung der Meere Schwermetallen, industriellen Schadstoffen und Quecksilber in hohen Mengen ausgesetzt. Diese Gifte werden von der Industrie rücksichtslos in die Meere geleitet. Viele Fischarten sind seit dem Reaktorunglück in Fukushima verkrüppelt. Was wird uns Menschen und den Tieren noch alles zugemutet? Das war nicht Gottes Lebensplan für uns und auch nicht für unsere Tier- und Pflanzenwelt. Bereits in meinen anderen Büchern rief ich dazu auf, mit der Natur liebevoller umzugehen. Aber Geld ist Macht und Macht ist korrupt und gnadenlos. Selbst Politiker machen diese Spielchen mit, wenn es um die Macht der Großkonzerne geht. Diese spenden, finanzieren die Wahlkämpfe und sichern das Überleben der Politiker. Niemand steht hinter der Gesundheit der Menschen und niemand schützt die Tiere und unsere Umwelt.

Ich muss immer wieder an die Worte von Andrea denken, der Tochter meiner Freundin, die so jung verstorben ist. Sie sagte bei einem Medium zu ihrer Mama: „Wenn ihr die dunkle Wolke sehen würdet, die uns von der Erde erreicht, denn wir können sehen, wie eure Tiere gequält werden, wir können ihre Schreie hören und ihre Qualen fühlen, dann würdet ihr euch keine Gedanken mehr um das Ozonloch machen." Die Not und das Leid der Tiere wird von den Jenseitigen als dunkle, schwarze Wolke wahrgenommen. Sie machen uns ständig darauf aufmerksam, gut mit unseren Tieren und der Umwelt umzugehen. Aber es wird leider nicht gehört. Die EU hat sogar erlaubt, dass die Giftdosis um das Zehnfache erhöht werden darf. Wie z. B. das Nervengift Endosulfan. Das wirkt sich bei dem Menschen auf das Nervensystem aus. Alzheimer, Demenz und Parkinson sind auf dem Vormarsch. Oft frage ich mich, was man überhaupt noch essen darf. Selbst das Sonntagsbrötchen soll nicht gesund sein. Unsere Milch, die man immer so gelobt hat, eines meiner Lieblingsgetränke, ist ebenfalls nicht mehr gesund. Ein Bauer, der nur 20 Cent für einen Liter Milch bekommt, kann nur einen Minimalstandard in seine Arbeit und in das Futter investieren. Da ist auch der gesunde Menschenverstand der Verbraucher gefordert. Ich kann Ihnen nur empfehlen, kaufen Sie nur Bio, oder pflanzen Sie, wenn möglich, Ihr eigenes Gemüse und Obst an. Und essen Sie viele verschiedene Lebensmittel. Kochen Sie Ihr Essen nicht in einer Alufolie, denn der Bestandteil des Aluminiums wird von dem Essen aufgenommen.

Eine abwechslungsreiche Kost kann das Risiko zu erkranken zumindest etwas reduzieren. Und stärken Sie Ihr Immunsystem. Durch Spaziergänge an der frischen Luft und mit ein wenig Sport wie Fahrradfahren und Schwimmen. Die Menschen können auch durch ihr Kaufverhalten etwas bewegen. Wenn Sie im Supermarkt ein Hähnchen kaufen, das 4,99 Euro kostet, können Sie sicher sein, dass dieses Tier kein gutes Leben hatte. Sie werden mit Kraftfutter gefüttert und brechen unter der Last ihres Gewichtes fast zusammen. Sie haben ein kurzes, aber kein schönes Leben. Fast ein Drittel der Tiere können nicht mehr richtig laufen. Außerdem sind sie anfälliger gegen Krankheiten. Ein glückliches Huhn, das auch mal raus in die Natur darf, ohne Antibiotika groß wird, müsste mindestens 16 Euro kosten, damit der Bauer einen Gewinn machen kann. Dass Tiere derart gequält werden, ihr Leben lang in dunklen Käfigen stehen, die so klein sind, dass sie sich kaum bewegen können, sollen und dürfen wir nicht unterstützen. Denn es handelt sich um Lebewesen, die von uns geschützt werden sollen. Wenn die Nachfrage nicht mehr da ist, wird es auch nicht mehr verkauft und somit nicht mehr produziert. Die Tiere würden somit nicht mehr gequält. Wir müssen den Konzernen zeigen, dass wir nicht mehr bereit sind, bei dieser Quälerei und

Schinderei der Tiere weiter mitzumachen. Und wenn ein Tier schlecht gefüttert wurde, ist es auch schlecht für Sie als Konsument. Denn Ihr Körper nimmt alle Gifte auf. Nun werden einige von Ihnen denken, das ist teuer. Ich denke nicht, lieber nur einmal in der Woche Fleisch essen anstatt dreimal, aber dafür gesundes. Alkohol und Zigaretten sind ebenfalls ein sehr großer Krebsauslöser und man sollte darüber nachdenken, den Konsum zu reduzieren oder ganz einzustellen. Und verzichten Sie auf übermäßigen Zuckergenuss. Denn **Krebs liebt Zucker**. Leider ist in den modernen Lebensmitteln sehr viel Zucker als Geschmacksverstärker mitverarbeitet, ohne dass wir es merken. Zucker kann Krebs und Diabetes begünstigen. Außerdem kann er Ihren Blutdruck erhöhen, Verdauungsprobleme hervorrufen, Alzheimer auslösen und natürlich süchtig machen. Die Entzugserscheinungen bei Zucker sind Schläfrigkeit, schlechte Laune und Kopfschmerzen. Wenn man auf etwas Süßes nicht verzichten möchte, sollte man dunkle Schokolade essen und dunklen Kakao trinken.

Sie fragen sich, warum jemand in einem Engelbuch über Lebensmittel schreibt. Ihr Engel möchte, dass Sie und jeder Einzelne von uns, an seinem Plan mitarbeiten. Gott und die höheren Wesen möchten, dass Sie, unsere Tiere und diese wunderschöne Erde wieder gesund werden. Denn es gibt sehr viele Krankheiten bei Mensch und Tier, die nicht sein müssten. Und es ist auch nicht Gottes Wille, dass wir und die Erde mitsamt seinen Tieren krank werden!

Mein Engel schickt mir die Gedanken, wenn ich ein Buch schreibe. Deshalb akzeptiere ich diese Gedanken und schreibe sie auf. Ich bin nur ein Schreibmedium. Und Wissen ist Macht! Nur das soll ich Ihnen mitteilen, dass Sie die Macht haben, alles zum Guten zu lenken. Durch die Nächstenliebe und durch die Liebe zur Tier- und Pflanzenwelt!

Nun kommt TTIP. Die Menschen gehen dagegen sogar auf die Straße, was ich sehr begrüße, um das Handelsabkommen zu verhindern. Aber leider wird es früher oder später auf uns zukommen. Die USA wollen es unbedingt und sind der Meinung, es sei für alle Länder am besten. 500 Organisationen aus 28 EU-Ländern haben bereits vier Millionen Unterschriften gegen TTIP und CETA gesammelt. Aber was macht den Menschen Angst vor einem freien Welthandelsabkommen? Sinkende Standards sollen Wohlstand und Wachstum versprechen. Aber für wen? Für die Großkonzerne? Es klingt doch alles so gut! Die Zölle sollen fallen und die Standards vereinfacht werden. Die etwas höheren Anforderungen, die wir Europäer an Lebensmittel-, Kosmetik- und die Autoindustrie stellen, sollen abgeschafft werden. Denn in den USA ist es so, dass z. B. Kosmetika keiner besonderen Prüfung bedarf, sondern der Konzern im Nachhinein mit sehr hohen Strafen belegt wird, wenn etwas passiert. Das ist falsch! Zuerst muss man prüfen und dann zulassen. Die Standards werden gesenkt, um ein Produkt auf dem freien Markt zuzulassen. Es werden dadurch sehr viele Klagen mit sehr hohen Geldstrafen befürchtet. Bei uns gilt das Vorsorgeprinzip. Nur dann darf etwas auf den Markt, wenn es sicher ist. Hormonfleisch und Gentechnik wären ab sofort erlaubt, entgegen unserem Umweltschutz. Herbizide werden noch stärker verwendet, da die meisten Gifte nicht mehr helfen. Und die wachsende Weltbevölkerung könne man nur noch mit genveränderten Lebensmitteln satt bekommen. Die vielen Verbote in Europa seien für die USA nicht haltbar, denn 50 % der Pflanzengifte sind in Europa nicht erlaubt. Diese aggressiven Gifte sind auch am Bienensterben schuld. Und stirbt einmal die Biene, stirbt auch bald der Mensch. In China werden die Obstbäume zum Teil bereits mit Wattestäbchen von den Menschen bestäubt. Das hat Gott so nicht gewollt. TTIP und CETA zeigen in die falsche Richtung. Es ist keine Transparenz mehr vorhanden und der Bürger wird fortan nicht mehr mitentscheiden können. Es wird einmal mehr an den Menschen vorbeiregiert.

Leserbriefe

Liebe Frau Toussaint,

ich habe gerade Ihr Buch **„Seid nicht traurig, wir leben weiter“** zu Ende gelesen. Besonders bewegt hat mich, dass Ihre Mutter zur gleichen Uhrzeit gegangen ist, wie sie auf die Welt gekommen sind.

Am 2. Januar 2014 ist mein Vater von uns gegangen. Ich kann den Verlust Ihrer Mutter sehr gut nachvollziehen, denn mir erging es mit dem Verlust meines Papas sehr ähnlich. Ich habe meinen Vater über alles geliebt, wir standen uns immer sehr nahe. Wir waren uns sehr ähnlich und haben nie viele Worte gebraucht, um zu wissen, was der andere denkt und fühlt. Mein damals dreijähriger Sohn war sein Ein und Alles. Mein Vater liebte ihn und mein Sohn hing sehr an seinem Opa. Mein Papa war noch acht Wochen vor seinem Tod topfit und die beiden haben sehr viel Zeit und schöne Erlebnisse miteinander geteilt. Vor dem Verlust meines Vaters habe ich mich nie ernsthaft mit dem Jenseits beschäftigt, aber bereits wenige Minuten, nachdem er gegangen war, sollte sich das ändern: Papa hat an einem Donnerstag um 5:25 Uhr seinen letzten Atemzug auf dieser Erde gemacht. Mein Sohn hat an einem

Donnerstag um 5:25 Uhr das Licht der Welt erblickt. Mir war sofort klar, dass es kein Zufall ist, sondern ein Zeichen. Er lebt weiter, er lebt weiter mit meinem Sohn, mit uns – dies waren zumindest meine Gedanken, die mir sofort in den Sinn gekommen sind. Und Sie hatten das gleiche Erlebnis, es kann kein Zufall sein!

In den darauffolgenden Wochen kamen noch viele weitere Zeichen hinzu. Meine Nichte, seine Enkeltochter, ist zu der Zeit, wo Papa auf der Intensivstation im Koma lag, ausgezogen, und wir saßen an seinem Bett und haben ihm immer erzählt, dass wir ihm die Wohnung zeigen, wenn er wieder aus dem Krankenhaus kommt. In der Nacht nach seinem Tod ist meine Nichte nachts aufgewacht und hat plötzlich Licht in ihrem Bad brennen sehen. Das kam ihr sehr sonderbar vor, denn sie war sich sicher, das Licht ausgemacht zu haben (sie sieht von ihrem Bett aus ins Badezimmer). Am darauffolgenden Abend hat sie, aufgrund des Erlebnisses aus der Nacht zuvor, ganz bewusst das Licht im Bad ausgemacht, doch sie sollte wieder nachts aufwachen und im Bad brannte wieder das Licht. Wir sind uns einig, dass Papa unsere Einladung angenommen hat und sich ihr neues Zuhause angesehen hat.

Ich habe keine mediale Begabung, aber vielleicht ein „gutes Gehör“. Eines Abends im Bett hörte ich vor dem Einschlafen plötzlich ganz deutlich die Stimme meines Vaters, der mir sagte: „Mutti soll mit dem Messer aufpassen! Sie soll sich von dem Messer fernhalten!" Keiner in der Familie hat meine Mama je „Mutti" genannt, außer mein Vater. Ich war ziemlich erschrocken über die klare, laute und deutliche Stimme, konnte aber mit dem Inhalt der Aussage nichts anfangen. Ich habe dann mein Erlebnis meiner Mama erzählt, obwohl sie eigentlich keinen Draht zu Übersinnlichem hat. Sie meinte daraufhin ohne nachzudenken, dass sie wegen ihrer Knieschmerzen kurz vor dem Krankenhausaufenthalt meines Vaters beim Arzt war und dieser ihr dringend zu einer OP geraten habe. Sie sei sich sicher, dass Papa ihr sagen wollte, dass sie sich nur ja nicht operieren lassen soll. Meine Mama ist nun seit ein paar Monaten in Behandlung mit ihrem Knie und hat kaum mehr Beschwerden. Eine Operation kommt für sie nicht mehr infrage.

Ich könnte noch mehr schreiben. Aber im Moment wollte ich in erster Linie danke für Ihr Buch sagen!

Herzliche Grüße

Simone

Herr Saß, Traum von 1980

Meine Frau und ich wohnten in Weissenau bei Radolfzell. Ab Januar 1980 träumte ich öfters hintereinander von einem Bauernhof, auf dem ich einen Teil meiner Kindheit verbracht habe. Eines Morgens hatte ich wieder den gleichen Traum, da sagte ich zu meiner Frau, auf dem Bauernhof muss etwas Schreckliches passiert sein.

Eines Nachts stand im Traum der jüngste Sohn des Bauern mit seinen roten Haaren vor mir und sagte zu mir: „Es tut mir sehr leid, was ich dir angetan habe.“ Darauf erwiderte ich, von meiner Seite sei dir verziehen.

Daraufhin wurden die Träume weniger und verschwanden letztendlich ganz. Im Traum sah ich auch seinen älteren Bruder, dieser kniete traurig oben an der Öffnung, wo es zum Heuschober hinaufging. Als ich aufwachte, dachte ich, das muss die Stelle sein, wo der jüngste Sohn verunglückte.

Vier Monate später, im Mai 1980, erfuhren meine Frau und ich von meiner Mutter, dass der jüngste Sohn von obengenanntem Bauern im Januar 1979 tödlich verunglückt sei. Daraufhin besuchte ich seinen älteren Bruder und dieser bestätigte mir die Unglücksstelle. Es war genau die Stelle, die mir im Traum immer wieder gezeigt wurde.

Im Jahr 1973 arbeitete ich in der Altenpflege. An dem Tag, als eine Patientin im Sterben lag, hatte ich Frühschicht. Wir machten gerade für unsere Patienten die Betten, als ich das dringende Bedürfnis verspürte, die Patientin aufzusuchen. Ich ging zu ihr ins Zimmer. Ihr Gesicht war zur Wand hin gewendet und als ich neben ihrem Bett stand, drehte sie ihren Kopf zu mir, als wollte sie schauen, wer da gekommen ist. Sie hatte ihre Augen geschlossen. Ich hatte das Gefühl, dass sie mich sieht. Nach einer Weile drehte sie ihren Kopf so, dass ihr Gesicht zur Zimmerdecke schaute. Ganz ruhig stand ich da und nach einer Weile hörte die Patientin auf zu atmen. Nach einem kurzen Moment sah ich, wie ein blauweißer Schleier vom Kopfende bzw. ihrem Scheitel austrat.

Aufgrund meiner schmerzhaften Erfahrung mit Sterbenden behielt ich diese Erlebnisse lange Zeit für mich. Irgendwann vertraute ich mich einem Priester an. Er fragte mich, ob es ausgeschaut habe wie eine weiße Wolke. Ja, wie ein blauer Schleier, sagte ich.

Beim letzten Atemzug des Menschen verlässt die Seele den materiellen Körper und geht gemäß ihrem Bewusstsein in die Ebenen des feinstofflichen Kosmos über.

Auch ich erlebe diese Dinge sehr oft. Nachrichten aus dem Jenseits können in Form von Träumen und auf viele andere Arten erfolgen. Dies habe ich bereits in meinen anderen Büchern beschrieben. Sehr oft passiert es auch mir, dass ich zuerst eine Nebelwolke sehe, die sich dann materialisiert. Aus der Nebelwolke heraus sehe ich dann den Verstorbenen so, wie er früher ausgesehen hat. Oft werde ich gefragt, ob der Mensch durchsichtig sei, angsterregend oder zum Fürchten aussehe. Nein, ich kann Farben erkennen. Ich sehe, ob die Augen blau oder dunkel sind. Ob die Haare blond oder braun oder grau sind. Mein Opa hatte wie früher seine Brille auf. Seine blauen Augen strahlten mich an. Die Menschen sind meistens so gekleidet wie damals, als sie noch lebten. Damit möchten sie auch sicherstellen, dass man sie erkennt. Ich kann die Kleidung und die Farben ganz genau erkennen. Manchmal sehe ich aber nur den Kopf bis zur Brust. Dann wieder den ganzen Körper. Als ich den verstorbenen Vater meiner Schulfreundin sah, sagte ich ständig zu ihr, dein Vater zeigt sich mir immer in einem blauen Hemd und die obersten Knöpfe stehen offen. Sie sagte, sie könne sich nicht mehr so genau daran erinnern, ob er sich so kleidete. Als ich dann im letzten Jahr bei ihr vorbeiging, bat ich sie, mir Fotos von ihrem verstorbenen Vater zu zeigen. Und tatsächlich hatte er auf fast allen seinen Fotos ein Hemd an und die obersten Knöpfe standen offen. Über die Genauigkeit waren wir beide sehr gerührt.

Mein Engel passt auf uns auf

Engel sind ganz besondere Wesen. Sie sind immer dann zur Stelle, wenn wir ihre Hilfe am meisten benötigen. Ich bin mit der Liebe zu Engeln aufgewachsen. Aber irgendwann gerieten sie auch bei mir in Vergessenheit. Ein schlimmer Autounfall ließ meine große Liebe zu den Engeln wieder aufkeimen.

Vor einigen Jahren lebte ich in Südafrika. Ich war mit Freunden auf dem Nachhauseweg und machte es mir auf dem Rücksitz des Autos bequem. Denn es war schon nach Mitternacht und ich wollte in Ruhe schlafen. Die Fahrt war noch lang, wir wollten von Durban nach Pretoria fahren. Dann hörte ich einen furchtbaren Knall. Ich wurde bei dem Aufprall zwischen die Sitze geschleudert, denn ich war nicht angeschnallt. Ein Kleinlastwagen war frontal in unseren Pkw gefahren. Meine Freunde, der Fahrer und der Beifahrer, waren blutverschmiert, denn beide sind durch den Aufprall mit dem Gesicht in die Windschutzscheibe geschleudert worden. Mir war nichts passiert. Beide versuchten die vorderen Türen des Wagens zu öffnen. Aber vergeblich. Wir waren in dem Fahrzeug gefangen. Da es ein Auto mit nur zwei Türen war, gab es keinen anderen Weg nach draußen. Ich blieb ganz ruhig, aber dann konnte ich sehen, wie das Fahrzeug in Flammen stand. Dann kam mir noch der Gedanke, was passieren würde, wenn weitere Fahrzeuge in uns reinfahren. Denn der Unfall passierte in einer Kurve, die man nicht einsehen konnte, auf einer Schnellstraße. Wir hatten alle drei mit dem Leben abgeschlossen, denn jeder Versuch, aus dem Pkw zu kommen, scheiterte. Ich dachte noch, nun bin ich erst 20 Jahre alt und muss so jung sterben. Ich rief meinen Schutzengel verzweifelt um Hilfe. Denn die Türen gingen einfach nicht auf! Das ganze Fahrzeug war durch den Aufprall verzogen. Uns konnte niemand mehr helfen, die Lage schien aussichtslos. Der Unfallverursacher blieb einfach in seinem Auto sitzen. Er half uns nicht, das Auto zu verlassen. In dem Moment dachte ich, wenn nun keine Hilfe kommt, sind wir alle verloren, und ich rief das erste Mal wieder nach meinem Schutzengel. Es gab um uns herum nichts! Keine Häuser, keine Menschen, keine Autofahrer. Wir waren ganz alleine. Es gab nur dieses brennende Auto auf einer Schnellstraße, aus dem wir nicht mehr rauskamen. Dann, ganz plötzlich, ich hatte mich bereits von meinem ach so kurzen Leben verabschiedet, kam ein Mann mit einem Feuerlöscher. Er sprühte so lange, bis die Flammen erstickt waren. Dann öffnete er ohne Probleme die Beifahrertüre. Und wir konnten alle aussteigen. Als ich mich dann bei dem Mann bedanken wollte, war er nicht mehr zu sehen. Er war so schnell weg, wie er gekommen war. Das wunderbare Wesen muss ein Engel gewesen sein. Sicher hat er unsere Verzweiflung gespürt. Wir konnten uns leider nicht bei ihm für die Hilfe in letzter Minute bedanken. Er hat uns dreien das Leben gerettet. Man hat noch etwas mit uns vor, dachte ich mir. Erst viele Jahre später wusste ich, was mein Lebensplan war! Ich sollte über Engel schreiben. Auch über dieses Erlebnis. Aber es war nur der Anfang von vielen wunderbaren Engelerlebnissen.

Der Mann, der frontal mit dem Kleinlaster in unseren Pkw krachte, war betrunken und fuhr auf der falschen Straßenseite. Als die Polizei kam, sagte er nur immer wieder: „Mein armes Auto!" An die Menschen in dem anderen Fahrzeug hatte er nicht gedacht. Kurz nach unserer Rettung fuhren noch zwei weitere Fahrzeuge in die Autos. Das hätten wir ohne die Hilfe dieses Engels niemals überlebt. In Gedanken habe ich ihm bereits sehr oft gedankt. Denn ohne seine Hilfe gäbe es mich und meine Kinder nicht. Und auch meine Bücher über Engel hätten niemals den Weg in diese Welt gefunden.

Ich liebe Engel, sie gehören zu mir wie meine Familienmitglieder. Wir sind ja auch alle eine große Familie. Einige Jahre später durfte ich mehrmals Engel sehen. Diese Momente haben mich so berührt und inspiriert, dass ich über Engel schreiben musste. Zuerst wollte ich die Erlebnisse mit meinen Engeln nur für mich aufschreiben, damit ich es niemals vergesse! (Aber so etwas Einschneidendes kann man nicht vergessen!) Als es dann aber immer mehr wurden, musste ich die Bücher veröffentlichen. Es konnte kein Zufall sein, dass sich mir die Engel zeigten. Sicher hatten sie mich als ihr Werkzeug ausgesucht, um den Menschen näherzukommen. Es war mir auch wichtig, den Menschen mitzuteilen: „Ihr seid beschützt, ihr werdet geliebt, glaubt an euren Engel, denn er ist immer an eurer Seite. Wenn ihr die Engel ruft und ihr sie braucht, werden sie für euch da sein, sie lassen euch nicht im Stich!“ Engel sind die Mitarbeiter Gottes, und wenn wir sie rufen, werden sie zu uns kommen, um uns zu helfen! Geben Sie Ihrem Engel einen Namen! Bei einer Meditation wollte ich wissen, wie mein Engel heißt. Immer wieder hörte ich: „Ich heiße DURAN!“ Ich dachte insgeheim: „Ist das ein komischer Name.“ Ich fragte mehrmals nach. Und jedes Mal sagte er: „Glaube mir jetzt endlich, ich heiße DURAN!“ Dann schaute ich im Internet nach, was der Name bedeuten könnte. Und dann war ich ganz gerührt, denn DURAN bedeutet: Der bleibt und nicht weggeht. Welcher Name hätte es besser ausdrücken können als mein Schutzengel mit dem Namen DURAN?

Vor einigen Wochen buchte ich mit einer Freundin einen Flug an die Costa Brava, auch Wilde Küste genannt. Bei jeder Reise bitte ich meinen Engel, uns zu beschützen. Bereits beim Besteigen des Flugzeugs bitte ich ihn, seine Flügel über uns auszubreiten, uns zu begleiten und über uns zu wachen. Am zweiten Tag unseres Urlaubs entschlossen wir uns, eine Wanderung zu machen. Es war 30 Grad heiß, wir hatten keine Getränke dabei und unsere Schuhe waren nicht für eine Klettertour geeignet.

Wir rechneten mit einem kleinen Ausflug am Strand und wussten nicht, was noch auf uns zukommen würde. Die Wanderung fing tatsächlich ganz harmlos an. Wunderschöne Natur, direkt am Wasser. Die Steilküste und die Schönheit der Natur hatte uns in den Bann gezogen. Es gingen Stufen rauf und runter und wir genossen die Schönheit der Region. Es war ein stark zerklüftetes Felsmassiv, das parallel zur Küste verläuft. Nur wenige Leute kamen uns entgegen, und alle waren sehr gut ausgestattet mit Wanderschuhen und Proviant. Denn es gab nichts auf diesem Weg. Weder ein Restaurant noch ein Hotel, und es gab auch keinen Weg nach oben, an dem man hätte aussteigen können. Ich dachte, wie konnte ich das nur meiner Freundin antun. Denn mittlerweile kamen Hindernisse auf uns zu, die eine große Herausforderung darstellten. Um weiterzukommen, gab es zwei Möglichkeiten. Entweder durch das Meer schwimmen, mit der Möglichkeit, von den Wellen gegen das Felsmassiv geschleudert zu werden. Oder über die Felsen zu klettern. Nirgends konnte man sich festhalten. Ich sagte zu Gabi: „Was sollen wir tun? Zurücklaufen oder über die Felsen klettern?“ Ich hörte eine Stimme, die sagte: „Nehmt den Felsen, ich passe auf euch auf!“ Es war mein Schutzengel DURAN! Er war also bei uns! Und angstfrei kletterten wir über die Felsen. Ständig sagte ich zu meinem Engel: „Pass bitte gut auf uns auf!“ Gabi ist doch schon 71 Jahre alt, ich fühlte mich für sie verantwortlich und sie war so tapfer. Und tatsächlich, wir kamen gesund und ohne Probleme auf der anderen Seite an. Wir gingen dann eine steile Treppe hoch und setzten uns unter eine Palme, die uns Schatten spendete. Wir waren beide sehr glücklich, dass wir gesund über das Felsmassiv gekommen waren, obwohl wir das Ziel noch nicht erreicht hatten.

Als wir uns so im Schatten sitzend unterhielten, konnte ich auf einmal einen wunderbaren Duft wahrnehmen. Es war mein Engel, DURAN! Er wollte mir damit sagen: „Ich war die ganze Zeit bei euch!“ Ich fragte Gabi: „Kannst du auch den wunderbaren Duft wahrnehmen? Es ist mein Engel, denn ich habe ihn gebeten, uns zu begleiten!“ Gabi sagte: „Leider kann ich den Duft nicht wahrnehmen, aber ich kann wahrnehmen, wie sich mein Engel (Gabis Engel heißt DANAI, was bedeutet: Liebt euch) über uns beide lustig macht!“

Engel haben auch Humor! Sie sind glücklich, wenn wir Freude empfinden! Und sie freuen sich, wenn wir mit ihnen Kontakt aufnehmen. Sie warten förmlich darauf. Es bestätigt ihnen auch, dass wir an unsere himmlischen Beschützer glauben und ihnen vertrauen.

Um mehr über die Jenseitswelten zu erfahren, wollte ich eigentlich aus Neugier, nicht aus Überzeugung, eine Sitzung bei einem sehr guten, bekannten Medium aufsuchen. Es waren mindestens 20 Personen in einem Raum anwesend. Ich war mir sicher, niemand würde zu mir sprechen. Dann fragte John auf einmal ganz spontan die Teilnehmer, hier sei ein Schutzgeist/ Engel und ob er eine Aussage an mich weitergeben dürfe. Es sei dringend. Denn er hatte gerade angefangen, mit einem anderen Teilnehmer zu sprechen. Der junge Mann war damit einverstanden. Und ich war sichtlich überrascht. Und die jenseitige Seele, die von meinem Engel unterbrochen wurde, sagte: „Die Kleinen müssen immer zurücktreten, wenn die Großen kommen!“ Damit war mein Engel gemeint. Die Unterbrechung, die meiner Person galt, machte mich total nervös. Was wollte man mir denn so Wichtiges sagen?

Über diese Aussage machte ich mir im Nachhinein noch viele Gedanken. Gibt es im Jenseits auch Hierarchien wie hier auf der Erde? Hat es womöglich etwas mit den Ebenen zu tun, auf denen wir uns befinden. Was mir dann durch John von meinem Engel mitgeteilt wurde, verschlug mir tatsächlich die Sprache. Ich war von seinen genauen und treffenden Aussagen überwältigt.

Der Engel sagte zu mir: „Du hast dich mit deinem Buch endlich geoutet! Und das ist gut so! Du musst weitermachen! Aber du hast ja bereits mit einem weiteren Buch über das Jenseits begonnen. Wir werden dich dabei unterstützen. Spürst du, wenn ich hinter dir am Computer stehe und dir die Gedanken schicke? Du schreibst ganz schnell auf deinen Computertasten, ohne dass du nachdenken musst. Wir sind dann immer bei dir! Du hast einen weiblichen und einen männlichen Schutzgeist, die dich beim Schreiben inspirieren. Aber du hast dir vorgenommen, dein neues Buch anders als das erste Engelbuch aufzubauen. Du willst die Menschen interviewen wie ein Reporter und über deren Erlebnisse und Erfahrungen mit der jenseitigen Welt schreiben. Und das ist gut so! Manchmal müssen wir dich schubsen, wenn du daran zweifelst, weiterzuschreiben.“

Ich war völlig perplex über die Aussage und die Genauigkeit der Worte meines Engels. Denn wie konnte er meine Gedanken kennen? Wissen, was ich tue? Heute weiß ich vieles besser als damals. Ich stand ja erst in den Anfängen meiner Erlebnisse mit den Jenseitswelten. Obwohl ich an ein Leben nach dem Tod glaube, hat es mich trotzdem geschockt, dass ich im Diesseits so beobachtet werde. Denn niemand außer mir konnte zu dem damaligen Zeitpunkt wissen, dass ich bereits wieder mit dem Schreiben eines neuen Buches über Engel und das Jenseits angefangen hatte. Ich hatte noch mit niemandem darüber gesprochen. Und auch nicht darüber, dass ich meine Leser zu Wort kommen lassen möchte. Es hatte mich nämlich geärgert, dass mir wieder so viele wunderbare Dinge passiert sind, als das Buch „Engel und die Verstorbenen sind unter uns“ bereits veröffentlicht war. Meiner Lektorin teilte ich noch mit, dass ich kein Buch mehr schreiben werde. Und nun sind es bereits acht Bücher über die Jenseitswelten geworden. Als ich dann doch wieder mit dem Schreiben anfing, hatte ich, wie von meinem Engel vorausgesagt, über die Schicksale und Erlebnisse anderer Menschen in meinen Büchern berichtet. Mein Engel wusste alles über mich! Auf der einen Seite verspürte ich eine sehr große Freude. Aber auf der anderen Seite hat es mich auch ein wenig erschreckt. Denn scheinbar können wir vor den höheren Mächten keine Geheimnisse haben. Das Gute wie das Böse, das wir im Leben tun, wird wahrgenommen.

Ich habe beim Schreiben meiner Bücher immer die Anwesenheit höherer Wesen gespürt. Wenn ich am Computer saß, spürte ich immer einen Luftzug und die Türe öffnete sich wie von Geisterhand. Meine geistigen Helfer standen mir im wahrsten Sinn des Wortes zur Seite und haben mich inspiriert. Das ist auch genau das, was ich wollte. Jedes neue Kapitel habe ich mit einem Gebet begonnen und bat um ihre Hilfe beim Schreiben. Sie haben mich tatsächlich gehört und standen mir bei. Ich war immer in der Lage, zu schreiben ohne nachzudenken. Meine Finger waren meine Gedanken. Alles geschah ohne mein Zutun. Als wenn mir die Gedanken von einer höheren Macht eingegeben wurden. Bücher werden tatsächlich im Himmel geschrieben. Ich freue mich bei jedem neuen Buch auf die Zusammenarbeit mit meinen Engeln. Und bedanke mich für die Unterstützung aus dem Jenseits. Auch bei diesem Buch wurde ich unterstützt.

Die Aussage des Engels, ich hätte einen weiblichen und einen männlichen Engel, die mich begleiten, hat mich überzeugt. Ich durfte mehrmals meine Engel mit eigenen Augen sehen. Der eine Engel war der Engel des Lichts, er erstrahlte in einem unbeschreiblich schönen Licht und war weiblich. Von den anderen beiden Engel, die ich sehen durfte, war ein Engel männlichen Geschlechts. Man sagt ja, Engel sind geschlechtsneutral. Heute können sie sich uns als ein männlicher und morgen als ein weiblicher Engel zeigen. Sie sind nicht an ein Geschlecht gebunden. Wir Menschen versuchen immer Ordnung in alles zu bringen wie Zeit, weiblich, männlich, blond, brünett oder Hautfarbe. Der Engel sagte zu mir, Engel seien wie Wasser. „Versuche, das Wasser zu erklären. Wasser verändert sich ständig. Genau wie wir. Wir passen uns der Situation und den Gegebenheiten an. Wir kommen gerade so, wie der Schützling uns braucht und es am besten wahrnimmt und versteht." Besser konnte man es nicht erklären. Der Engel sagte: „Versucht mal das Wasser zu erklären, es hat so viele Facetten. Wasser ist durchsichtig. Scheint die Sonne auf den Ozean, dann ist er blau. Kommt ein Unwetter, wird das Wasser dunkel. Bei Engeln ist alles möglich."

Diese Aussage machte mein Engel, nachdem ich am Vortag mit Freundinnen Engelbilder angeschaut hatte. Wir machten uns Gedanken, warum die Künstler die Engel so verschieden malten. Ich versuchte nämlich anhand von Engelbildern meinen Freundinnen zu zeigen, wie mein Engel aussah, den ich gesehen hatte. Deshalb gab er mir genau diese Erklärung. Und besser kann man es nicht erklären! Engel sind wie Wasser, sie verändern sich ständig.

Oft fragen mich die Leser meiner Bücher: „Wie kann man mit Engeln Kontakt aufnehmen? Kann das jeder?" Natürlich kann jeder Kontakt mit seinem Engel aufnehmen. Man muss kein Auserwählter sein. Alle Menschen haben einen Engel und deshalb können, sollen, müssen sie ihn auch rufen. Man kann die Engel gedanklich herbeirufen. Die höheren Wesen kommunizieren durch die Kraft der Gedanken. Sie hören ihre Gedanken, ohne dass sie Worte formen. Als ich anfing, die Engel in mein Leben zu lassen, wurde ich ein anderer Mensch. Ich nahm mich nicht mehr so wichtig. Ich empfinde seitdem mehr Liebe, mehr Lebensfreude, mehr Kraft, mehr Stärke, mehr Glück, mehr Gesundheit und mehr Nächstenliebe. Die Engel haben mein Leben bereichert. Das Gleiche werden auch Sie empfinden, wenn Sie die Engel in Ihr Leben lassen. Engel sind wunderbare, ehrliche und zuverlässige Begleiter. Ihr Schutzengel wird auch derjenige sein, der Sie an Ihrem letzten Tag auf dieser Erde in den anderen Dimensionen begrüßen wird. Er liebt Sie, denn Gott hat Sie diesem Engel anvertraut! Er wird auf Sie achten und Sie beschützen bis zum letzten Tag auf dieser Erde. Die Liebe Ihres Engels wird Sie ein Leben lang begleiten und mit Glück erfüllen. Manchmal macht es mich traurig, dass so viele Menschen das nicht wahrnehmen wollen. Es gibt so viele Zeichen, die wir von unseren himmlischen Begleitern erhalten. Mein Engel macht durch weiße Federn und einen wunderbaren Geruch auf sich aufmerksam. Sie sind niemals alleine, Sie sind immer geborgen in der Liebe Gottes und in der Liebe der Engel. Keine Seele wird vergessen! Auf der anderen Seite gibt es nur Liebe. Und wir gehören zu dieser einzigartigen und wunderbaren Familie. Denn auch wir sind wunderbare Wesen, wir sind Kinder Gottes!

Als Gabi und ich uns über Schutzengel unterhielten, berichtete sie mir von einem Erlebnis, das sie in den

USA mit einem Engel hatte. Ihr Lebenspartner stand bei einem Ausflug in den Rocky Mountains ganz nah an einer Klippe, um die wunderschöne Aussicht zu genießen. Gabi hatte Angst um ihn. Sie hatte das Gefühl, noch einen Schritt weiter und er stürzt in die Tiefe. Dann, ganz plötzlich, zeigte sich sein Schutzengel! Er war mindestens zwei Meter groß und machte auf sie einen sehr dominanten Eindruck. Er sagte zu Gabi: „Mach dir keine Sorgen, ich bin sein Schutzengel, es ist meine Aufgabe, auf ihn aufzupassen!“ In dem Moment fühlte sich Gabi von dem Engel in die Schranken gewiesen. Er wollte ihr zu verstehen geben, dass er immer bei seinem Schützling ist, wenn ihm Gefahr droht. Denn er beschützte ihn auch immer bei seinen Flügen mit dem Star Fighter, die oftmals nicht ungefährlich waren. Diese Flugzeuge sind in Deutschland als Witwenmacher bekannt geworden. Auch Gabi verlor ihren ersten Mann bei einem Flugzeugabsturz.

Wo können uns Engel begegnen?

Engel sind überall, aber sie befinden sich immer dort, wo sie gebraucht werden. Das ist auf unserer Erde oder auf den unteren Ebenen des Jenseits. Dort, wo auch die Seelen der Verstorbenen noch die Hilfe der Engel benötigen, damit sie sich weiterentwickeln können. Jeder Engel empfindet eine große Liebe für seinen Schützling! Er würde ihn niemals im Stich lassen, wenn er nach ihm ruft. Engel sind sehr gütige Wesen und möchten nur das Beste für uns. Sie sind glücklich, wenn wir Kontakt zu ihnen aufnehmen und wenn sie spüren, dass sie gebraucht werden. Das Wort „Engel" – „Angelos" bedeutet Bote. Engel sind auch in der Bibel immer als Boten Gottes eingesetzt worden. Aber wir dürfen nie vergessen, Engel handeln nur im Auftrag Gottes. Unseren letzten Tag, unseren Todestag, können auch sie nicht verhindern. Engel können auch beim Schreiben von Büchern sehr wertvolle Helfer sein. Sie können Gedanken übermitteln, die der Schriftsteller auf Papier bringen soll. Mozart soll einmal gesagt haben, dass seine Musik, seine Sinfonien oder Klavierkonzerte, nicht durch ihn, sondern durch die himmlische Kraft entstanden seien. Als der Komponist Joseph Hayden zum ersten Mal sein Werk „Die Schöpfung" hörte, weinte er und sagte: „Das habe ich nicht gemacht!" Gott bedient sich der Menschen, um seine Ideen und Gedanken an andere weiterzugeben. Wir sind seine Schöpfung und seine Werkzeuge auf Erden. Es gibt noch sehr viel zwischen Himmel und

Erde, was wir nicht verstehen, und erst nach unserem Ableben, wenn wir im Jenseits sind, verstehen werden. Wir dürfen uns glücklich schätzen, ein Teil der Schöpfung Gottes zu sein.

Engel müssen sich nicht mit blonden Locken, langem Gewand und Flügeln für uns sichtbar machen! Sie können aussehen wie Sie und ich und in alten Jeans herumlaufen. Engel sind nicht auffällig, aber sie sind unter uns! Engel können sowohl männlichen als auch weiblichen Geschlechts sein. Ihre Hautfarbe kann weiß, gelb oder schwarz sein. Bei ihnen gibt es keine Rassenprobleme wie bei uns Menschen. Engel beschützen alle Hautfarben und Menschenrassen und treten meistens in Notsituationen auf, und zwar dann, wenn man nach ihnen ruft oder wenn sie dringend gebraucht werden.

Engel lieben Musik. Dies erwies sich beim Auftritt einer Sängerin in den USA. Als sie das Ave Maria sang, wurde ihre Aura für einige Menschen im Publikum sichtbar. Diese dehnte sich während des Liedes weit aus. Von ihren Augen bis zum Herzen leuchtete sie in einem herrlichen Blau, Grün und Gold. Ein wunderschöner Engel stand zwei Meter hinter ihr. Musik öffnet das Tor zum Himmel. Menschen, die musizieren, können sicher sein, dass ihr Engel neben ihnen steht.

Erlebnisse mit Engeln

Dieser Bericht ist dem Buch entnommen: **Erlebnisse mit Engeln und Verstorbenen.**

Linda erzählte mir: „Ich habe nie an Engel geglaubt, im Gegenteil, ich habe Menschen, die an Engel glauben, immer ausgelacht. Aber ich wurde eines Besseren belehrt. Es war ein wunderschöner Sommertag. Ich hatte vor, meine Eltern zu besuchen, war aber keine gute Autofahrerin. Mich erfasste immer ein Gefühl von Panik, wenn ich von einem Lkw überholt wurde. Besonders, wenn ich die großen Reifen sah, überkam mich ein Angstgefühl. So war es auch an diesem Tag, die Sonne blendete mich, im letzten Moment sah ich einen großen Lastwagen auf mich zukommen. Vielleicht hätte es noch gereicht, an dem Fahrzeug vorbeizukommen, aber voller Schreck riss ich das Lenkrad meines Wagens nach rechts. Wie sich herausstellte, zu weit nach rechts, denn ich landete in einem See und das Fahrzeug versank langsam im Wasser. Ich weiß nicht mehr viel, aber daran kann ich mich noch ganz genau erinnern: Ich hatte das Gefühl, dass mir jemand den Kopf hielt, damit er nicht unter Wasser kam. Aber ich hatte keine Chance, mich aus dem Wagen zu befreien. Ich bin verloren, dachte ich, wenn jetzt keine Hilfe kommt und das Fahrzeug noch weiter versinkt. Nun konnte ich auch die Kälte des Wassers spüren. Aber die ganze Zeit hatte ich das Gefühl, ich würde von einer unsichtbaren Macht gehalten und beschützt. Als ich das spürte, wurde ich langsam ruhiger. Ich fing an zu beten und bat meinen Schutzengel, für mich da zu sein, ich würde auch nie mehr an seiner Existenz zweifeln. Ich weiß nicht mehr, wie lange ich im Wasser lag, aber als ich gerettet wurde, sagte der Feuerwehrmann: „Sie hatten einen besonderen Schutzengel, denn sie hatten nur noch einen Millimeter, um zu atmen." Ich nickte nur und erzählte jedem, der es hören wollte, dass unser Engel uns immer hilft, wenn wir ihn rufen. Keinen Tag in meinem Leben vergesse ich dieses besondere Erlebnis mit meinem Engel. Sicher werde ich noch gebraucht."

Ruth kann sich noch ganz genau an den Tag erinnern, als wäre es erst gestern passiert. Ein besonderes Erlebnis war der Auslöser, der ihre Einstellung zu den Jenseitswelten veränderte. Es ereignete sich in den 60er-Jahren. Mit ihrer Klasse machten sie damals eine Klassenfahrt. Für sieben Nächte sollte es nach England in eine Jugendherberge gehen. Um die Kosten so gering wie möglich zu halten, wurden keine Schlafwagen gebucht. Die Schülerinnen hatten sehr viel Freude während der Zugfahrt und waren bereits sehr aufgeregt, wie es wohl auf der Fähre sein würde. Sie hatten gehört, dass es vielen übel würde, wenn die See stürmisch war, und sie hofften, dass der Wettergott es gut mit ihnen meinte. Ruth, ein frommes, fröhliches Mädchen, betete bereits zu Gott, er möge die See besänftigen, denn sie hatte Angst vor dem Wasser. Die

Mädchen suchten sich ein freies Plätzchen, um es sich ein wenig bequem zu machen, und nicht lange, da waren die meisten von ihnen bereits eingeschlafen. Auch die Lehrkräfte schliefen erschöpft ein, denn die Mädels waren schwieriger zu hüten als ein Sack voller Flöhe. Plötzlich stand Ruth wie schlaftrunken auf und wollte sich einen Weg zur Toilette bahnen. Was dann passiert ist, war ein Wunder, das sie nie mehr vergessen wird. Sie musste im Halbschlaf die Tür verwechselt haben. Früher waren die Türen nicht gesichert wie heute. Anstatt die Türe zur Toilette zu öffnen, machte sie einen schwerwiegenden Fehler, sie verwechselte die Ausgangstüre mit der Toilettentüre. Nach mehrmaligen Versuchen und mit aller Kraft schaffte sie es irgendwie, die falsche Türe zu öffnen. Als sie dann von dem peitschenden Fahrtwind erfasst wurde, war sie ganz plötzlich hellwach. „Oh Gott", schrie sie, „jetzt muss ich sterben, bitte lieber Gott, hilf mir!" Mit letzter Kraft hielt sie sich an der Türe fest. „Wenn jetzt nicht ein Wunder geschieht, muss ich sterben", dachte sie. Doch das Wunder geschah: Ganz plötzlich, wie aus dem Nichts, streckte sich ihr eine Hand entgegen und zog sie in den Waggon des Zuges zurück. Ein großer, stattlicher Mann im Anzug stand da und lächelte sie an. Er hatte eine schwarze Hautfarbe und dunkelbraune, fast schwarze Augen, die auf sie eine ganz besondere Ausstrahlung ausübten. Sie mochte diesen Mann sofort, er hatte etwas ganz Liebes an sich. Dieser Mann hatte ihr das Leben gerettet. Später, als es ihr ein wenig besser ging, wollte sie sich bei dem unbekannten

Mann bedanken, konnte ihn aber nicht mehr finden. „Wo ist dieser Mann auf einmal?", fragte sich Ruth. „Ich muss ihn finden, ich möchte mich unbedingt bei ihm bedanken, ohne ihn würde ich jetzt nicht mehr leben!" Sie rannte durch den ganzen Zug, aber er war nirgends zu sehen. Sie weckte die anderen und erzählte ihnen von dem Vorfall. Sie bat ihre Freundinnen, ihr bei der Suche nach dem dunkelhäutigen Mann mit den wunderschönen Augen zu helfen. Da der Zug ja nicht ein einziges Mal angehalten hatte, musste er sich noch im Zug befinden. Aber ihr Retter war nicht mehr zu sehen. Plötzlich sagte ihre Freundin: „Hast du das etwa nur geträumt? Wenn er eine schwarze Hautfarbe hat, dann kann man ihn doch nicht übersehen! Hier kann doch niemand verschwinden und wir haben in allen Abteilungen und sogar auf den Toiletten gesucht und niemanden gefunden!" Aber Ruth blieb dabei. „Dieser unauffindbare Fremde hat mir das Leben gerettet. Wenn er nicht mehr da ist, dann muss er ein Engel gewesen sein. Engel müssen nicht immer blonde Locken und eine weiße Hautfarbe haben. Engel können auch dunkelhäutig sein." Ruth hat dieses Erlebnis nie mehr vergessen und glaubt seitdem an Engel.

Daniela hatte eine Reise zu ihrer Zwillingsschwester geplant. Dieses Jahr wollten sie ihren Geburtstag zusammen feiern. Es war für sie beide noch immer etwas ganz Besonderes, denn die Bindung der Zwillinge war sehr stark. Nun war es endlich so weit, voller Freude packte Daniela nach der Arbeit ihren Koffer und fuhr los. Eine arbeitsfreie Woche lag vor ihr. Aber die Fahrt von 300 Kilometern musste sie heute noch bewältigen. Plötzlich, Daniela fuhr gerade durch ein Waldgebiet, fing ihr Auto an zu stottern und kam schließlich am Straßenrand zum Stehen. „Oh Gott“, rief Daniela, „ich habe ja in aller Hektik vergessen zu tanken. Wie komme ich nun an Benzin?“ Ihr Handy hatte keinen Empfang, wie immer, wenn man es dringend brauchte. „Na ja, nur nicht unterkriegen lassen“, dachte sie, „dann muss ich mich wohl zu Fuß zum nächsten Ort aufmachen.“ Tapfer lief sie die unbeleuchtete Straße entlang in der Hoffnung, dass bald eine Tankstelle käme oder sie ein Autofahrer mitnehmen würde. Daniela war keine ängstliche Person und machte sich auch keine Gedanken, dass ihr etwas passieren könnte. Aha, da kam ja schon ein Pkw. Daniela hob den Daumen und signalisierte, dass sie mitfahren wollte. Der Autofahrer stoppte sofort: „Guten Abend, schönes Fräulein, kann ich Ihnen helfen?“ – „Oh ja, dass wäre nett, denn ohne Benzin kann mein Auto nicht fahren, würden Sie mich bitte mitnehmen bis zur nächsten Tankstelle?“ „Kein Problem, steigen Sie ein“, sagte der Mann. Daniela stieg sorglos in seinen Wagen. Bei genauerem Hinsehen kam ihr der Kerl aber doch komisch vor. Er hatte zwar eine ganz nette Stimme, aber sein Aussehen war furchteinflößend. Seit sie eingestiegen war, hatte er außerdem kein Wort mehr mit ihr gesprochen. Plötzlich konnte sie fühlen, dass sie in Gefahr war. Und tatsächlich, er fuhr nicht mehr den vorgegebenen Weg, er bog auf einen

Feldweg ab. Daniela fing in ihrer Todesangst innerlich an, nach ihrem Engel zu rufen: „Bitte, mein Schutzengel, bitte hilf mir, dieser Mann hat Schlimmes mit mir vor. Bitte mein Schutzengel, beschütze mich!“ Der Mann stellte nun sein Fahrzeug ab und riss Daniela an sich. „Du dumme Kuh“, sagte er, „was hast du denn erwartet, mitten in der Nacht und ganz alleine zu einem Mann ins Auto zu steigen? Dir werde ich es zeigen!“ Schreien wird nichts bringen, dachte Daniela, denn weit und breit war niemand zu sehen, alles war dunkel. Tapfer und trotzig sagte sie zu ihm: „Ich bin nicht alleine!“ – „Wer ist denn bei dir?“, fragte er lachend. Sie sagte: „Mein Schutzengel ist bei mir.“ Wieder lachte der widerliche Typ: „Du bist nicht nur dämlich, du spinnst auch noch.“ Doch plötzlich ging die Türe des Autos auf und ein stämmiger Mann sagte: „Kann ich euch helfen, habt ihr euch verfahren?“ Daniela sagte: „Würden Sie mich bitte begleiten, ich wollte gerade aussteigen.“ Der Mann nahm sie bei der Hand und führte sie zu einem nahe gelegenen Haus. Er schien ihr Problem bereits zu kennen, denn er sagte: „Der Bauer kann Ihnen Benzin geben, denn er hat immer welches im Haus. Wir werden ihn fragen und dann bringe ich Sie wieder zu Ihrem Auto zurück, dann können Sie heute Abend noch bei Ihrer Schwester sein.“ Aber ich hatte ihm doch gar nichts von meiner Schwester gesagt, dachte Daniela, der Fremde schien mich ja gut zu kennen. Und tatsächlich, der Bauer hatte einen Reservekanister mit Benzin. Sie wollte es zahlen, aber dieser winkte lachend ab.

Der nette Mann, der sie aus der schlimmen Situation befreit hatte, brachte sie zu ihrem Auto zurück und füllte ihr noch den Tank mit dem Reservekanister. Daniela bedankte sich ganz herzlich bei ihm: „Ohne Sie würde ich jetzt vielleicht nicht mehr leben." – „Dazu bin ich ja da", meinte er lächelnd. „Gute Fahrt!", rief er ihr noch nach.

Daniela schaute noch einmal zurück, um ihm zum Abschied zuzuwinken. Aber sie konnte den Mann nicht mehr sehen. Er war ganz plötzlich verschwunden. War er der Engel, den ich in meiner Not gerufen hatte? fragte sich Daniela ganz laut. Sie war überglücklich, dass alles so gut ausgegangen war, und sie dankte ihrem Schutzengel für die wunderbare Hilfe.

Immer wieder gibt es so viele wunderbare Erlebnisse mit den Schutzengeln, die Gott uns in unserer größten Not schickt. Auf Gott und auf seine Engel ist immer Verlass! Besonders in der momentanen Weltsituation dürfen wir nicht vergessen, ganz besonders an sie zu denken und nach ihnen zu rufen. Wir brauchen ihre Liebe, ihre Kraft, ihre Macht und ihr Verständnis. Nur so kann sich unsere Welt wieder zum Positiven entwickeln. Bitten Sie um Liebe, Licht, Kraft und Gesundung für unsere Welt. Denn sie ist die einzige, die wir haben. Wir müssen diesen besonderen Ort, der uns nährt, uns ein Zuhause gibt, pflegen und lieben und vor allem schützen, für unser Wohlergehen und das unserer Kinder. Und dazu sind alle Nationen aufgerufen. Ständig denke ich, warum setzen sich die Menschen nicht für eine Gesundung unseres Planeten ein? Es fängt bei jedem Einzelnen von uns an.

Vor Jahren gab es einmal Grünen-Politiker, die Sonnenblumen verteilten und uns versprachen, für eine gesunde Welt zu kämpfen. Die Frauen stillten ihre Kinder im Bundestag an der Brust. Andere strickten oder häkelten. Anstatt mit dem Auto kamen sie mit dem Fahrrad. Sie kamen in gestrickten Pullis, Jeans und Turnschuhen. Sie trugen keine Lederschuhe und hatten keine Ledertaschen. Man glaubte, sie könnten diese Welt tatsächlich retten und verändern. Aber mittlerweile haben sich die Grünen-Politiker verändert. Große Limousinen, Chauffeur, Anzüge, Kostüme, Hemden und Blusen. Es gibt keine Strickpullover mehr. Auch der Umweltgedanke hat sich verändert. Wenn es unsere Politiker nicht schaffen, diesen Planeten zu retten, muss jeder Einzelne von uns für die Rettung des wunderbaren Blauen Planeten kämpfen. Pflanzt so viele Bäume wie nur möglich, rodet sie nicht! Lasst das Auto so oft wie möglich stehen. Lauft lieber einmal ein paar Schritte. Kauft euch ein Elektroauto. Alle sind für Umweltschutz, aber niemand möchte ein Elektroauto. Ich möchte dazu sagen, ich habe nur ein Fahrrad und gar kein Auto.

Gemalt: Sabine Thiel

Selbst Astronauten haben Engel im Orbit gesehen. Drei russische Raumfahrer berichteten, dass ihnen Engel begegnet seien. Es geschah, als sie mit der Raumstation Saljut 7 im All waren, um medizinische Experimente durchzuführen. Plötzlich wurde ihr Raumschiff von einem grellen orangefarbenen Licht umhüllt. Als sie sich an diese übernatürliche Helligkeit gewöhnt hatten, sahen sie sieben Engel mit Flügeln. Die Engel lächelten sie an. Sie waren riesengroß und ihre Flügel hatten die Spannweite eines Flugzeugs. Die Raumfahrer sagten, sie waren von deren Schönheit überwältigt. Einige Wochen später passierte das Gleiche wieder. Der Rapport über die Begegnung mit Engeln im Weltall wurde von allen Raumfahrern in ihrem Bericht schriftlich bestätigt und unterschrieben. Diese Männer haben Engel gesehen! Sie sind intelligent, sie haben studiert und sind sicher nicht ins Weltall geflogen, um Engel zu sehen. Leider fällt es uns Menschen immer sehr schwer, über Engelerlebnisse zu schreiben oder zu reden. Im Weltall kann so etwas ja mal passieren. Engel und Himmel gehören ja zusammen. Aber doch nicht in meinem Schlafzimmer oder im Haus meiner Mutter. Das kann und darf nicht sein. Ich habe es gewagt, über meine Erlebnisse mit Engeln zu schreiben. Und sie waren wunderschön. Engel verbreiten so viel Ruhe und Liebe und Frieden. Ich wünsche jedem Menschen, dass er seinen Engel sehen darf. Ich bin mir ganz sicher, der Engel wird ihr ganzes Leben verändern. Es hat mein Leben verändert. Und es war ein wunderbares Geschenk für mich. Ich möchte mich dafür bedanken!

Wenn sich die Menschen auch manchmal sehr einsam fühlen, weil sie glauben, da ist niemand, der sie liebt! Sie werden immer wunderbar geliebt und diese Liebe sollte sie glücklich machen und nicht verzweifeln lassen. Denn es gibt so viele wunderbare, wenn auch für die meisten Menschen liebevolle und unsichtbare Wesen in unserem Leben. Wenn sie wüssten, wie sehr sie geliebt werden, wären sie keinen Tag mehr traurig!

Vertrauen Sie auf Ihren Schutzengel und auf die Liebe Gottes. Oft schickt man Ihnen auch den richtigen Menschen zur richtigen Zeit. Auch mir hat der Himmel einen wunderbaren Erdenengel in mein Leben geschickt. Dieser Mensch ist mein Seelenverwandter, der mich bestärkt hat, für die Jenseitswelten weiterzuarbeiten. Ohne seine Aufmunterung hätte ich auch dieses Buch nicht mehr geschrieben. Weil es oftmals nicht so einfach ist, über Dinge zu schreiben, die andere Menschen nicht erleben und somit nicht nachvollziehen können. Was die Menschen nicht sehen oder selbst erleben, darf auch nicht sein. Diese Tatsache macht es nicht immer einfach, diese Bücher zu schreiben. Man bekommt sehr viel Kritik von Freunden und Bekannten, aber auch von fremden Menschen. Ich rede nicht mehr mit den Menschen über meine schönen Erlebnisse mit den Jenseitswelten. Früher wollte ich jedem mitteilen, was mir Schönes passiert ist. Bis ich an deren Reaktion sehen konnte, das wollen die Leute ja gar nicht hören. Ich habe aufgehört, davon zu berichten. Es gibt nur noch ganz wenige Menschen, denen ich meine

Erlebnisse anvertraue. Heute sage ich nur zu meinem Engel: „Lasst die Menschen, die meine Bücher brauchen, die Bücher finden!“ Ich mache kaum Werbung für meine Bücher. Aber Gott hat mir auch Menschen in mein Leben geschickt, die an Engel glauben und die mich immer wieder bestärkt haben, weiterzumachen. Ich möchte mich bei den Jenseitigen für diese Menschen, es waren auch viele Leser dabei, bedanken.

Phänomene

Im Sommer saß ich mit einem Handwerker auf der Terrasse und besprach mit ihm die Arbeiten, die er bei mir ausführen sollte. Dann kam mein Nachbar hinzu und beteiligte sich an dem Gespräch. Als sich der Nachbar dann verabschiedete, sah ich ihn an und sagte: „Du musst ganz dringend zum Arzt, du bist krank!" Er lachte mich aus und sagte: „Rede keinen Quatsch, mir geht es gut!" Dann ging er. Der Handwerker schaute mich an und sagte: „Wieso soll der Mann krank sein, er sieht doch nicht krank aus, wie kommst du da drauf?" Ich sagte: „Ich kann es dir nicht erklären, aber er hat Krebs und er muss ganz dringend ins Krankenhaus!" Er sagte: „Wenn ich dich nicht kennen würde, könnte man sagen, du spinnst!" Ich ließ das Gespräch auf sich beruhen, ging aber ein paar Tage später zu meiner Nachbarin und sagte zu ihr: „Bitte schicke deinen Mann zum Arzt, denn er ist krank!" Auch sie schaute mich komisch an, schickte ihren Mann dann aber tatsächlich zu einem Arzt. Denn sie wusste von meiner Mama, dass mir des Öfteren seltsame Dinge passieren.

Dann, ein paar Wochen später, rief mich meine Nachbarin an und sagte: „Du hattest recht, mein Mann ist zum Arzt gegangen und sie fanden heraus, dass er einen Hirntumor hat. Die Ärzte sagten, zum Glück hat man es so früh festgestellt, denn wenn der Krebs weiter fortgeschritten wäre, hätte man ihn nicht mehr behandeln können. Er bekommt nun regelmäßig Bestrahlung und der Krebs hat sich extrem verkleinert." Von mir bekam er an seinem Geburtstag das Buch: „Krebs mag keine Himbeeren." Denn er musste unbedingt seine Ernährung umstellen. Wie mir seine Frau mitteilte, liebt er Schokolade und alles, was süß ist. Es gibt Lebensmittel, die werden von den Krebszellen bevorzugt. Und es gibt Lebensmittel, gegen die hat der Krebs keine Chance.

Vor einigen Monaten fand man den Mann einer Nachbarin tot im Garten im Stuhl sitzen. Ich erfuhr davon, als ich aus dem Urlaub zurückkam. Da sie ja noch in Trauer war, bat ich sie, bei ihr vorbeikommen zu dürfen. Ich habe sie kaum wiedererkannt, denn innerhalb kurzer Zeit hatte sie sechs Kilogramm abgenommen. Sie hat ihren Mann sehr geliebt und er hat alles für sie getan. Sie wusste über nichts Bescheid und nun stand sie alleine da. Ich habe versucht, sie zu trösten, und brachte ihr ein paar Bücher mit, die ich geschrieben hatte. Sie sagte: „Marlene, sei mir nicht böse, aber nimm diese Bücher bitte wieder mit, denn ich habe Angst vor diesem Thema." Ich dachte, wie können Menschen Angst haben vor diesem Thema; wenn ich vor etwas Angst habe, muss ich mich damit beschäftigen. Bei mir war es genauso. Auch ich hatte Angst vor dem Tod. Und als ich mich damit beschäftigte, verschwand diese Angst. Nun weiß ich, der Tod gehört zum Leben, und er wird jeden von uns eines Tages finden und mitnehmen. Aber der Tod ist das Tor zum ewigen Leben. Ich erklärte ihr, dass ihr Mann nicht tot sei, sondern sich nur auf einer anderen Ebene befinde. Ich sagte ihr auch, dass ihr Mann sehr traurig sei, wenn er sie in dem jetzigen Zustand sehe. Ich konnte ihr scheinbar den Schmerz nicht nehmen, denn sie sagte immer, sie sei schuld, sie hätte mit dem Kochen aufhören sollen und nach ihm schauen müssen. Vielleicht hätte sie ihn dann retten können. Aber ich sagte, sie hätte nichts dagegen tun können. Denn er starb an einer Embolie. Und er hat sich vorgenommen, jung aus dem Leben zu gehen. Er war erst 55 Jahre alt. Meine Freundin war leider beim Trösten der Nachbarin ebenfalls erfolglos und wir zogen uns zurück. Sie hatte ja noch ihre zwei Mädels und ich war mir sicher, sie würde den Schmerz eines Tages überwinden, auch ohne unsere Hilfe.

Dann, eines Nachts, ich war schon im Bett und hatte den Fernseher an, sah ich ihren Mann vor mir stehen. Er hielt ein weißes Telefon in der Hand und sagte: „Rufe meine Frau an, denn es geht ihr sehr, sehr schlecht, und sage ihr, mir geht es gut. Sie sollen nicht mehr um mich trauern." Am nächsten Tag stand ich vor der Frage, was ich tun sollte. Ich wusste ja, dass sie mit diesen übersinnlichen Kräften und Mächten nichts zu tun haben wollte. Ich redete mit meiner Freundin und sie sagte: „Marlene, du musst es ihr sagen, egal, was sie dir an den Kopf wirft, denn es ist der Wille ihres Mannes. Und er hat dich aufgesucht, damit du seiner geliebten Frau diese Nachricht überbringst. Mit wem hätte er Kontakt aufnehmen sollen, wenn nicht mit dir?

Wer in ihrem Umfeld kann denn diese Nachrichten verstehen und übermitteln? Keiner in ihrem Bekanntenkreis glaubt an die Macht des Himmels."

Schweren Herzens rief ich bei ihr an. Ich wusste nicht so recht, wie ich das Gespräch anfangen sollte. Dann hörte ich mich sagen: „Dir geht es ganz, ganz schlecht, obwohl dein Mann bereits längere Zeit tot ist!" Sie sagte: „Ja, du hast recht, wer hat dir das gesagt?" Ich sagte: „Dein Mann hat mir das gesagt. Er bat mich, dich anzurufen, denn er möchte, dass ihr die Trauer endlich ablegt; und ihr sollt wissen, dass es ihm gut geht!" Ich verabschiedete mich von ihr am Telefon und wünschte ihr, dass es ihr bald besser gehen möge.

Danach fühlte ich mich wie befreit. Es war nämlich genau das, was ich tun sollte und was von mir gewünscht wurde. Kurze Zeit später klingelte bei mir das Telefon. Es war die Tochter meiner Nachbarin. Sie fragte: „Marlene, dürfen wir bei dir vorbeikommen?" „Natürlich dürft ihr das", entgegnete ich. Was sie mir dann berichtet haben, hat mich so sehr gefreut, dass ich von der Nachricht total überwältigt war. Die Tochter erzählte mir, sie hätten in der Nacht, als mir ihr Papa erschienen ist, ihn angefleht, wenn er noch irgendwo lebendig sein sollte, ihnen ein Zeichen zu schicken. Egal welcher Art, nur ein Zeichen sollte es sein. Und das war das Zeichen, um das sie ihn gebeten hatten. Er bat mich, ihnen auszurichten, dass es ihm gut geht. So haben die Verstorbenen, auch wenn sie im Jenseits sind, noch immer Kontakt zu uns. Ich dachte mir, wenn die Menschen doch nur mehr glauben würden und nicht so viel Angst hätten, was für schöne Verbindungen zu ihren Verstorbenen und ihrem Engel sie doch aufbauen könnten.

Engel der Inspiration, von Marita Zacharias

Engel der Liebe, Marita Zacharias

Engel des Friedens, gemalt von Marita Zacharias

Engel Gabriel

gemalt von Marita Zacharias

Kinder haben keine Angst vor dem Tod

Der Text ist dem Buch entnommen: **Seid nicht traurig, wir leben weiter!**

Manchmal muss man sich wundern, wie kleine Kinder, besonders, wenn sie noch sehr klein sind, mit dem Thema „Tod“ umgehen. Da trösten Kinder die Oma, wenn der Opa verstorben ist, indem sie sagen: „Oma, sei nicht traurig, dem Opa geht es gut, er ist jetzt bei den Engeln!“ Aber woher wissen sie das alles, obwohl man ihnen vorher noch nie etwas über den Tod erzählt hat? Man möchte sie mit dieser Thematik ja nicht belasten. Aber trotzdem trösten sie uns Erwachsene. Sie sind noch sehr intensiv mit den anderen Welten verbunden und haben deshalb auch keine Angst vor dem eigenen Tod. Das ändert sich allerdings, wenn sie älter werden.

Wie oft stirbt ein kleines Kind. Die Eltern sind furchtbar traurig, verzweifeln, sehen Gott nicht mehr als Freund, sondern als ihren größten Feind. Warum gerade mein Kind, es hat doch niemandem etwas getan! Aber gerade dieses Kind, ihr Kind, hatte Heimweh nach seinem früheren Sein. Auf der anderen Seite ist so vieles einfacher und leichter. Man kann Dinge bewirken, zu denen wir hier auf der Erde nicht fähig sind. Oft sagen die Eltern nach dem Tod eines Kindes: „Mein Kind trug alles mit Fassung, hat uns sogar noch getröstet, wie ist das nur möglich?“ Es war deshalb möglich, weil das Jenseits noch in seinen Gedanken und in seiner Seele gespeichert war. Der Tod ist für die meisten Menschen etwas Dunkles, Unbekanntes und Grausames. Für die Kinder ist der Tod kein düsterer Ort, sondern das Jenseits ist ein heller, sonniger Ort mit blühenden Wiesen, mit wunderbaren Menschen und Tieren. Ein Ort, wo sie immer zu Hause waren. Viele Kinder berichten ihren Eltern, wie die Welt auf der anderen Seite aussieht.

Wäre es nicht traurig, wenn unser Leben nur 60 oder 80 Jahre währen würde? Wenn unsere Gedanken, unser Wesen, unsere Liebe nach diesem kurzen, schwierigen Leben für immer beendet wäre? Was wir bereits vergessen haben, wissen unsere Kinder noch immer. Viele Eltern, die ein Kind verloren haben, sagen, meine Tochter/mein Sohn gab mir immer wieder die Kraft, durchzuhalten. Die Kinder spenden den Eltern Trost. Verlassen Sie sich auf die junge Seele, denn sie weiß es besser als wir. Wenn Kinder sterben, erzählen sie ihren Eltern sogar, wo sie hingehen und wen sie auf der anderen Seite treffen. Sie berichten auch von schönen Häusern, wunderschönen Gewässern, Sternen, Gärten, Tieren und wunderschönen Blumen in unbeschreiblichen Farben. Haben Sie keine Angst um Ihr Kind und machen Sie ihm den Abschied nicht zu schwer. Weinen Sie nicht, sondern geben Sie ihm tröstende Worte mit ins Jenseits. Stärken Sie es und sagen Sie ihm, dass Sie ja nur für kurze Zeit von ihm getrennt sein werden. Dass Sie bald nachkommen und dass in der Zwischenzeit Oma und Opa auf der anderen Seite auf es aufpassen werden. Kinder kann man nicht anlügen, denn sie wissen ganz genau, dass und wann sie gehen müssen. Ihr Kind wird weiterhin bei Ihnen sein und wird zu Ihrem persönlichen Schutzengel. Ich habe mit so vielen Frauen gesprochen, die ihr geliebtes Kind verloren haben. Auch sie waren verzweifelt, wollten am liebsten sterben, ihre Beziehung ging kaputt, sie konnten dann aber feststellen, dass es ständig Zeichen gab. Ihr geliebtes Kind war noch immer bei ihnen. Oftmals denken die Eltern kurz vor dem Tod eines geliebten Kindes: „Mein Kind fantasiert", aber das ist nicht so, es sieht bereits die Jenseitswelten mit seinen eigenen Augen. Und diese Welten kann man mit unserer Welt nicht vergleichen. Kinder wissen, es gibt nur das „ewige Leben".

Eine Mutter sagte zu ihrem kleinen Jungen: „Jetzt brauche ich Opa keine Blumen mehr zu schenken, denn jetzt ist er tot und hat nichts mehr davon." Der Junge sagte: „Aber Mama, Opa ist doch nicht tot, jedes Mal, wenn du auf dem Friedhof die Blumen aufs Grab legst, sehe ich Opa über dem Grab schweben und sehe, wie er sich freut."

Kinder können auch Dinge sehen, die für uns Erwachsene unsichtbar bleiben. Als der Vater von David im Sterben lag, sagte er zu seiner Mama: „Kannst du die vielen Engel sehen, die um Papa herum sind?" Seine Mama verneinte. David sagte: „Man muss sie doch sehen, denn sie strahlen nach allen Seiten. Papas Körper strahlt auch." Aber außer ihm konnte das niemand sehen. Viele nennen das Kinderfantasien. Man glaubt auch den Erwachsenen nicht, denen diese Dinge passieren. Man sagt, die gehören in die Klapse, sie seien dement oder fantasierten.

Vor Kurzem rief mich eine Frau an und sagte: „Bitte schicken Sie mir Ihr neues Buch: „Engel und die Jenseitigen lieben uns.“ Wir kamen ins Gespräch und Olga sagte: „Mein Mann ist vor ein paar Monaten gestorben. Seitdem sehe ich ihn täglich bei mir zu Hause. Wenn ich ihn nicht sehe, dann höre ich, wie die Tür aufgeht oder er im Haus herumläuft. Als ich meinen Kindern erzählte, dass ich ihren verstorbenen Vater sehe und auch eine geistige schwarze Katze, seitdem möchten sie nichts mehr mit mir zu tun haben. Auch darf ich meine Enkelkinder nach diesen Äußerungen nicht mehr sehen. Meine Kinder haben ihnen den Umgang mit mir verboten, weil ich angeblich geisteskrank sei.“ Ich hätte Olga am liebsten in den Arm genommen und getröstet, denn seit ich diese Bücher schreibe, haben mir ganz viele Menschen die gleichen Erlebnisse geschildert. Wie sie mit ihren lieben Verstorbenen weiterhin Kontakt haben und sich die Familie von ihnen abwendet und für verrückt erklärt. Ich sagte zu Olga, sie solle nicht traurig sein, denn sie sei weder verrückt noch krank, sondern sie gehöre zu den besonderen Menschen, die diese Dinge sehen und erleben dürfen. Mir geht es auch so. Ich sehe Dinge, die andere Menschen nicht sehen, und werde immer belächelt. Aber ich bin nicht geistig krank, denn ich schreibe für eine Zeitung, mache Interviews mit Menschen, auch bekannten Persönlichkeiten. Würde man da eine Verrückte oder Geisteskranke hinschicken?

Nun wieder zu den Kindern. Ein fünfjähriger Junge berichtete vom Jenseits. Er sagte: „Als ich noch drüben in der anderen Welt war, trank ich Wasser immer aus einer wunderbaren Quelle. Es war so sauber und so erfrischend. Wir aßen immer das Obst gleich von den Bäumen, es schmeckte dort viel besser als bei uns auf der Welt. Engel spielten mit uns, sie waren alle lieb zu uns. Wir wohnten dort wie hier auf der Welt in schönen Häusern. Auf der anderen Seite gibt es viele Sphären. Wenn man viel Gutes tut, dann steigt man schneller auf. Auf der allerhöchsten Ebene ist Gott. Aber es ist ein weiter Weg dahin. Auf der anderen Seite bekommt man auch Unterricht, man muss auch immer lernen. Besonders die Nächstenliebe wird gelehrt. Dort gibt es niemals Langeweile. Die Jenseitswelten sind schöner als der schönste irdische Urlaubsort. Wenn wir von der Erde gehen, werden wir abgeholt und dürfen über die Dinge, die uns auf der Welt passiert sind, berichten. Ich wollte eigentlich nicht auf diese Erde gehen. Aber Gott sagte: ‚Auf der Erde ist es doch auch schön.‘ Ich sagte zu Gott: ‚Aber nicht so schön wie hier, hier ist meine Heimat.‘ Ich habe auch Mutter Maria gesehen, sie sagte: ‚Auch wenn es dir auf der Erde nicht gefällt, du kannst doch bald wieder zurück, spätestens, wenn du alt bist.‘ Manchmal sind wir in Gruppen auf die Erde geschwebt, aber niemand hat uns gesehen, das hat uns so amüsiert. Wir standen alle in einem Raum und niemand hat uns bemerkt. Wir konnten die Menschen reden hören, aber von uns nahm niemand Notiz. Einige Kinder aus meiner Gruppe gingen nach Spanien und ich kam zu dir, Mama, in den Bauch. Ganz plötzlich fühlte ich mich wie in einer dunklen Höhle. Es war nach der Freiheit nicht sehr schön, das Düstere und das Eingesperrt sein. Wir dürfen uns die Eltern aussuchen. Meistens ist es so, dass wir in Familien gehen, wo der eine vom anderen lernen soll. Manchmal war die Mutter die Schwester oder der Vater der Bruder. Wir kommen meistens immer wieder bei der gleichen Familie an. Nur sind die Rollen anders, aber die Seele ist immer die gleiche."

Eine Dreijährige sagte: „Wenn wir alt sind, sterben wir, gehen auf die andere Seite, in den Himmel zurück und werden dann wieder ein Baby."

Ein kleiner Junge sagte: „Mama, ich sah dich immer aus der Luft und wollte unbedingt als dein Kind zu dir kommen."

Ein kleines Mädchen ging mit seiner Mama über den Friedhof und rief erfreut aus: „Schau, Mama, da ist das Grab, in das ihr mich gelegt habt!" Die Mutter war ganz erstaunt, denn sie hatte ihrem Kind nie erzählt, dass sie eine Schwester hatte, die bereits verstorben war. Wurde ihr verstorbenes Kind wiedergeboren? Woher sollte ihre Tochter wissen, dass ihre Schwester da beerdigt worden war?

Alle Kinder, die sich noch an das Jenseits erinnerten, berichteten, dass sie nicht gerne auf die Erde gingen. Drüben auf der anderen Seite sei alles viel schöner, leichter, freier, farbenfroher, fröhlicher, angenehmer, wärmer und liebevoller. Aber sie hätten hier auf dieser Erde noch etwas zu lernen oder sollten Menschen etwas beibringen. Viele rätseln, warum es den Kindstod gibt. Das Kind war doch völlig gesund, niemand kann es verstehen. Eine junge Kinderseele sagte: „Der plötzliche Kindstod ist nichts anderes als das Heimweh nach dem Jenseits." Diese Seelchen hatten Schwierigkeiten bei uns auf der Erde, sie sehnten sich nach dem Ort, wo sie herkamen. Während Kinder schlafen, sind ihre Seelen noch jahrelang des Nachts auf der anderen Seite. Sie treffen sich drüben, eines Tages entschließen sie sich einfach, nicht mehr zurückzukommen. Es ist furchtbar für die Eltern, aber es ist schön für das Baby. Es fühlt sich im Jenseits wieder daheim und geborgen. Die Welt war ihm zu kalt, zu lieblos und zu unpersönlich. Es hat nichts mit den Eltern zu tun. Das Kind hat ja gerade sie ausgesucht. Aber die Seele hat sich das Erdenleben doch einfacher vorgestellt. Sofort nach ihrer Geburt spüren diese Seelen die Kälte der diesseitigen Welt. Das ist ein Schock für sie.

Geht es uns nicht auch manchmal so, dass wir denken: „Und das soll alles gewesen sein? Ein Leben voller Arbeit, Krankheit, Schmerz, Leid, und Lieblosigkeit?" Die Kinder berichten uns, dass wir uns nicht fürchten sollen vor dem Tod, dass er etwas Positives sei. Wir müssten unsere Angst ablegen. Natürlich ist es schlimm, jemanden gehen zu lassen. Ich mache gerade die gleiche Erfahrung. Ich weiß selbst, dass meine Mama auf der anderen Seite viel besser aufgehoben wäre, trotzdem will ich nicht loslassen. Auch wenn sie im Pflegeheim ist, weil ich arbeiten muss, weiß ich, meine Mama ist noch da. Ich kann sie weiterhin in den Arm nehmen, mit ihr reden, ihr erzählen, wie sehr ich sie liebe. Aber es ist auch viel Egoismus dabei, wenn man nicht loslassen möchte. Ich weiß, dass meine Mama wegen mir nicht gehen kann. Immer wieder bete ich zur Mutter Gottes, dass sie meiner Mama hilft. Und immer wieder werde ich erhört. (Meine Mama ist nun seit sieben Jahren auf der anderen Seite.)

Ein Mann spricht mit seiner verstorbenen Frau

Seit zwei Jahren bin ich Witwer. Immer wieder spüre ich die Anwesenheit meiner geliebten Frau. Wohin ich auch immer gehe, ich habe immer das Gefühl, sie begleitet mich. Meine Frau Sybille ist zwar tot, aber ich spüre, sie lebt trotzdem weiter. Wir unterhalten uns, als wäre sie noch immer hier, genau wie zu ihren Lebzeiten. Denken Sie bitte nicht, dass ich verrückt bin. Ich bin nach wie vor gesund, obwohl ich bereits 64 Jahre alt bin. Auf meine Bitten, dass meine Frau mir das Jenseits einmal beschreiben soll, antwortet sie mir jedes Mal: „Das Jenseits ist überall.“ Sie sei zwar körperlos, aber sie befinde sich weiterhin mitten im Leben. Das müsse ich doch bereits lange bemerkt haben, sagt sie immer wieder. Man benötige keinen Mund, um zu sprechen, keine Augen, um zu sehen, und auch kein Herz, um zu lieben. Es gäbe auch keine Zeit, behauptet meine verstorbene Frau. Es gebe weder Vergangenheit noch Gegenwart oder Zukunft. Bei ihr gebe es auch keine Angst, denn alles, was geschehen könne, sei längst geschehen. „Für euch auf der Erde ist die Zeitlosigkeit nicht zu begreifen“, sagte sie, „denn bei euch geht alles nach Zeit, alles wird gemessen und berechnet. Alles muss seine Ordnung haben. Erst wenn ihr auch auf der anderen Seite seid, dann werdet ihr von den engen Grenzen eurer Vorstellungskraft befreit sein.“ Ich fragte meine Frau, warum nicht alle Verstorbenen mit den Lebenden kommunizieren, darauf ant-

wortete meine Frau: „Weil ihr es nicht begreifen würdet, deshalb kann ich es dir auch nicht sagen. Aber Liebe spielt eine große Rolle."

Für alle, die mit diesem Bericht Probleme haben, möchte ich eine Erklärung dazu schreiben.

Es gibt ganz viele Gründe, warum nicht jeder seine Lieben auf der anderen Seite sehen kann. Das alles hat tatsächlich mit Liebe zu tun, auch wenn sich der Verstorbene nicht zeigt. Der Hauptgrund, warum wir nach dem Tod eines Lieben gar nichts sehen oder spüren, ist die Trauer. Wer trauert und weint, kann nichts sehen, auch die lieben Jenseitigen nicht, die sich uns bemerkbar machen wollen. Die uns immer sagen wollen: „Mir geht es gut, mach dir keine Sorgen um mich!" Das ist die erste Reaktion nach dem Nachhause kommen. Das Zuhause ist die andere Seite, nicht das Diesseits. Wenn Ihre Augen mit Tränen gefüllt sind, können Sie auch nichts sehen.

Ein anderer Grund ist der, dass wir uns lösen müssen von dem Gedanken, bei dem geliebten Menschen auf der anderen Seite sein zu wollen. Wären wir im ständigen Kontakt mit einem geliebten Menschen von der anderen Seite, dann würden wir gar nichts anderes mehr tun, als mit ihm zu kommunizieren. Wir könnten unsere tatsächliche Aufgabe im Diesseits nicht mehr richtig erfüllen. Wir würden Menschen, die uns brauchen, vernachlässigen und vieles mehr.

Dass kein Kontakt mit den Jenseitigen zustande kommt, kann auch mit unserer Psyche zusammenhängen. Der Jenseitige weiß, dass unsere Seele noch nicht bereit ist für einen Jenseitskontakt. Sie möchten uns weder schaden noch erschrecken.

Viele Menschen fragen mich, „Wie kannst du damit leben, dass du die Jenseitigen siehst?“ Es war ein langer Prozess. Wäre mir das ganz plötzlich passiert, hätte ich sicherlich einen Nervenzusammenbruch erlitten. Aber alles passierte ganz langsam. Wer alle meine Bücher gelesen hat, weiß, wie alles anfing. Es war am Anfang sehr sanft und es dauerte viele Jahre, bis es das jetzige Ausmaß erreicht hatte. Nun bin ich glücklich über die Jenseitskontakte, aber früher hätten sie mich sicher krank gemacht. Am Anfang konnte ich in den Büchern, die ich mir kaufte, wie „Leben nach dem Tod“, nur unter großen Schwierigkeiten lesen. Ich hatte Angst. Ich musste mich zwingen, diese Bücher zu lesen, um meine Angst vor dem Tod zu verlieren. Es war eine furchtbare Zeit für mich. Nun habe ich das Sterben und den Tod verstanden, dadurch wurde ich ein glücklicher Mensch. Wer hat keine Angst vor dem Sterben? Deshalb gibt es nur eine Lösung: Man muss sich vorbereiten, denn es sterben nicht immer nur die anderen. Jeden Tag werden Menschen aus unserer Mitte gerissen, jung oder alt, krank oder gesund, der Tod kennt keine Grenzen, kein Erbarmen, kein Alter, kein Mitleid. Aber der Tod kann seinen Schrecken verlieren, wenn man ihn kennt. Wenn man sich mit ihm anfreundet, ihn verstehen lernt, sich mit ihm verbündet. Haben Sie keine Angst, denn nur wer etwas nicht kennt, hat Angst. Sie lesen diese Bücher, Sie sind auf dem besten Weg, den Schrecken des Todes zu verlieren. Denn es gibt keinen Tod, nur das „ewige Leben“.

Die unsichtbaren Helfer

Meine Freundin Marlies und ich kennen uns seit der Grundschule. Wir haben uns viele Jahre aus den Augen verloren, doch dann kamen wir auf Umwegen wieder zusammen. Noch immer sind wir in ständigem Kontakt. Marlies ist ein sehr gläubiger, lieber und auch zufriedener Mensch. Gestern bekam ich einen Anruf von ihr und ich sagte: „Marlies, ich schreibe nun doch wieder ein neues Engelbuch." Sie sagte: „Das ist gut, denn du darfst das Erlebnis, das ich vor ein paar Tagen mit Gott und den Engeln hatte, gerne in deinem Buch veröffentlichen, denn es war so etwas Wunderbares, was mir da passiert ist!"

Meine Freundin Marlies wollte einen Einkaufsbummel in Pforzheim machen. Wegen der Parkprobleme fuhr sie in ein Parkhaus. Der einzige freie Parkplatz lag sehr ungünstig, war genau an der Wand, davor stand noch eine Säule und daneben ein weiteres Fahrzeug. Anstatt geradeaus in die Parklücke zu fahren, drehte sie nach links. So sehr nach links, dass sie gar nicht mehr aussteigen konnte, weil sie nur noch einen Zentimeter Platz hatte. Sie stieg über den Beifahrersitz aus, machte sich da aber noch keine Gedanken. Als sie dann später zurückkam, stand das Fahrzeug noch immer neben ihr und sie versuchte, aus der Parklücke zu kommen, in die sie sich so ungünstig selbst hineinmanövriert hatte. Aber sie sah keine Möglichkeit, aus dieser Parklücke ohne fremde Hilfe jemals rauszukommen. Also stieg sie wieder aus dem Auto und suchte nach jemandem, der ihr helfen konnte. In Panik lief sie herum, konnte aber niemanden finden, der geeignet erschien, ihr aus der Misere zu helfen. Dann setzte sie sich wieder in ihr Auto und fing an zu weinen. Sie sagte immer wieder: „Lieber Gott, hilf mir bitte, ich schaffe es nicht alleine!“ Dann hörte sie den Satz, den sie öfters hört: „Tue, was du kannst, dann tue ich, was du nicht kannst.“ Sie wurde dann etwas ruhiger, als sie die Stimme hörte. Aber mehr als den Motor anmachen konnte sie leider nicht. Also startete sie den Motor und blieb ruhig im Fahrzeug sitzen. Plötzlich spürte sie, wie das Fahrzeug sich ohne ihr Zutun bewegte und in die richtige Position gestellt wurde. Sie kam nun unversehrt und ohne Kratzer aus der Parknische heraus. Dann weinte Marlies vor Freude, denn so etwas Wunderbares hatte sie noch nie erlebt. Gott hatte seine Engel geschickt, um ihr in der Not zur Seite zu stehen.

Fast genauso wie meiner Freundin Marlies erging es auch Evelyn. Sie war auf dem Nachhauseweg von ihren Eltern. Auf dem Rücksitz saßen ihre zwei schlafenden Kinder. Auf der Straße war sehr viel Verkehr. Und obwohl es regnete, fuhren alle sehr schnell. Jeder wollte nach Hause. Insgeheim hatte sie ein ungutes Gefühl, denn es regnete und es war relativ kalt. Deshalb bat sie in Gedanken ihren Engel um Beistand. Sekunden später sah sie, wie die Autofahrer vor ihr die Kontrolle über ihre Fahrzeuge verloren. Vor ihren Augen fuhren sie in den Straßengraben. Evelyn wollte schnell bremsen, aber es musste sich um Blitzeis gehandelt haben, denn ihr Fahrzeug kam nicht zum Stehen, sondern rutschte auf die linke Seite der Fahrbahn. Sie sah noch die Lichter eines Lkw auf sich zukommen. In dem Moment dachte sie: „Nun müssen wir alle sterben!" Sie rief in Gedanken noch einmal nach ihrem Schutzengel. Bitte hilf! Plötzlich fuhr ihr Auto wie ferngesteuert auf die andere Straßenseite. Als ihr Fahrzeug wieder auf der richtigen Straßenseite stand, schaute sie neben sich auf den Beifahrersitz. Da konnte sie noch ein ganz helles, strahlendes Licht wahrnehmen. Sofort wusste Evelyn, dass ihr Schutzengel an ihrer Seite war und sie gerettet hatte.

Helen lernte einen jungen Mann kennen und lieben. Er war ihre erste große Liebe. So glücklich war sie noch niemals zuvor gewesen und sie hatte auch zum ersten Mal den Gedanken, dass das der Mann sei, den sie einmal heiraten möchte. Aber wie das Leben so spielt, lernte Tim eine andere Frau kennen und trennte sich von ihr. Helen war am Boden zerstört und trauerte um ihre große Liebe. Sie konnte die Trennung nicht verkraften und fing übermäßig an zu trinken und zu rauchen. Sie lebte fortan wie in Trance, hatte das Gefühl, ihre Welt sei nicht mehr real. In diesem Zustand verließ sie das Haus und hatte nur noch einen Gedanken. Sie wollte sich, genau an dem Ort, wo sie immer so glücklich waren, das Leben nehmen. Also ging sie in den Park, an den kleinen See, und setzte sich auf eine Bank. Neben ihr lag die Schachtel mit Schlaftabletten und Alkohol zum Runterspülen. Was konnte ihr das Leben noch bieten? Ihre große Liebe hatte sie wegen einer anderen Frau verlassen. Als Helen die erste Tablette in ihren Mund stecken wollte, sah sie ganz plötzlich einen Mann vor sich stehen. Sie war total perplex, wo kam der Mann so plötzlich her? Er stand nur vor ihr und sprach zuerst kein Wort. Aber er hatte wunderschöne, strahlende Augen, die sie so voller Liebe anschauten, dass sie keine Angst vor ihm haben musste. Sie spürte sofort, von diesem Mann ging keine Gefahr aus. Er schien nicht von dieser Welt zu sein. Plötzlich hörte sie, wie er sagte: „Tu es nicht! Du musst noch so viel erledigen." Und er schaute ihr dabei tief in die Augen, als er das sagte. Plötzlich war er verschwunden. Sie versuchte noch herauszufinden, wo der Mann hingegangen war, aber er war nicht mehr zu sehen. Und es waren auch keine anderen Menschen um sie herum, denn es war bereits dunkel. Ganz plötzlich hatte sie das Gefühl, es musste ihr Engel gewesen sein, der sie von diesem Selbstmord abhalten wollte. Und ihre ganze Trauer und ihre Wut verwandelten sich ganz plötzlich in Liebe. Er hat ihr die Liebe gebracht, um sich selbst zu lieben und um nicht mehr zu hassen.

Einige Wochen später wusste sie den Grund, warum sie leben musste. Sie hatte erfahren, dass sie schwanger war. Und es kam ein wunderschönes, gesundes Baby auf die Welt. Vielleicht wird das Kind der Grund sein, wieder mit ihrem Freund Tim zusammenzukommen. Denn er weiß nun, dass er eine kleine Tochter hat, und er liebt die Kleine abgöttisch.

Inge arbeitet nebenberuflich als Altenpflegerin. Um die alten Menschen nicht warten zu lassen, nahm sie es mit der Pünktlichkeit immer sehr genau. Denn die alten Menschen fühlten sich sehr einsam und freuten sich immer auf ihre Besuche. Da Inge an diesem Tag etwas spät dran war, wollte sie eine Abkürzung nehmen. Der Weg führte an einer sehr stark befahrenen Straße vorbei, die sehr unübersichtlich war. Ein Autofahrer blieb stehen, als sie mitten auf der Straße stand, um auf die andere Seite zu gelangen. Er winkte ihr freundlich zu und signalisierte ihr, sie könne die Straße überqueren. Aber Inge blieb wie angewurzelt stehen. Sie konnte sich einfach nicht mehr von der Stelle bewegen. Irgendjemand hielt sie fest. Sie schaute sich erschrocken um, aber sie konnte niemanden sehen, nur vorbeifahrende Autos. Dann, ganz plötzlich, sah sie, wie neben dem freundlichen Herrn, der extra für sie angehalten hatte, ein Pkw vorbeiraste. Da Inge niemanden sehen, sondern nur spüren konnte, war sie ganz sicher, dass es ihr Schutzengel gewesen sein musste. Hätte er sie nicht festgehalten, wäre sie geradezu in das Auto hineingelaufen und sicher hätte sie das nicht überlebt.

Georg hatte während der Pubertät sehr viele Probleme in der Schule. Bei Lehrern und Schulkameraden gab es auch immer wieder Streit und er kam nicht sehr gut an. Auch mit seinen Eltern kam er nicht mehr klar. Egal wohin er ging oder was er tat, er kam immer wieder in unangenehme Situationen. Georg fühlte sich nicht geliebt, nicht verstanden und nicht gemocht. Ständig hatte er mit irgendjemandem Streit. Sein Leben erschien ihm so sinnlos. Er fasste einen Plan. Er ging nachts auf eine Brücke, um dort sein junges Leben zu beenden. Als er so im Dunkeln auf der Brücke stand, fragte er sich, was wohl mit ihm passierte, wenn er tot wäre. Gäbe es ein Leben nach dem Tod? Gehe es irgendwo weiter oder werde man nach dem Tod nur vergraben und das war's dann? Plötzlich wurde es um ihn herum taghell. Ein wunderschönes, strahlendes Wesen stand vor ihm und schaute ihn liebevoll an. Er hörte, wie das Wesen zu ihm sagte: „Du musst dich und deine Einstellung ändern! Du kannst nicht die anderen ändern! Sie sind so, wie sie sind!" Durch die Anwesenheit dieses Wesens hatte er sofort das Gefühl, dass es ein Fehler wäre, sich umzubringen.

Dieser Tag und die Worte seines Engels haben sein Leben verändert und er verließ als glücklicher und zufriedener Mensch diese Brücke, auf der er sein junges Leben noch vor ein paar Minuten beenden wollte. Georg hatte sich immer als Opfer gesehen. Aber nun wusste er, dass er kein Opfer war, sondern die Menschen so annehmen musste, wie sie sind.

Nach diesem Erlebnis wusste er, dass er seine Lebensumstände und seine Lebenseinstellung verändern musste. Genauso, wie ihm sein Engel gesagt hatte.

Nachdem sich sein Engel bei ihm gezeigt hatte, verstand er plötzlich das Leben viel besser. Und sein Leben wurde einfacher.

Es ist mir immer wieder eine Freude, über diese wunderschönen Erlebnisse zu berichten. Denn es beweist mir immer wieder: „Gott lässt uns nicht im Stich!" Wenn wir ihn darum bitten, wird er uns seine Engel schicken, damit uns kein Haar gekrümmt wird. Jede Bitte, jeder Gedanke wird von Gott, der Mutter Maria mit den Engeln gehört. Auch wenn Sie glauben oder denken, niemand liebt Sie, niemand passt auf Sie auf, niemand hört Sie. Das stimmt nicht! Gott und seine Helfer sind immer für Sie da! Kein Wort und keine Bitte von uns Menschen verhallt ungehört. Aber Sie müssen Sie bitten oder rufen, und, vor allem, vertrauen Sie auf die „Göttlichen Helfer"! Wenn wir in Liebe leben, ziehen wir auch das Gute und die Lichtwesen an. Sie sind immer an unserer Seite, um uns zu beschützen. Vertrauen Sie Ihrem Engel. Beginnen Sie jeden Tag mit liebevollen Gedanken. Wie einfach das Leben doch sein könnte, wenn alle Menschen nach dem Liebesprinzip leben würden. Liebe zum Nächsten hat nichts mit Sex zu tun. Es ist ein Lächeln, das man schenkt, eine kleine Geste, beispielsweise jemandem die Türe aufhalten, oder ein kleines Kompliment oder Lob aussprechen. Das sind die Dinge, die Gott mehr schätzt, als wenn ein reicher Unternehmer Geld für die Kirche spendet. Es sind nicht die materiellen Dinge, die Gott glücklich machen, sondern die Nächstenliebe, die Geschwisterliebe, die Liebe zur Familie und die Liebe in der Partnerschaft. Warum tun sich die Menschen so schwer mit der Liebe? Sie ist das Schönste, das es gibt auf der Welt. Immer mehr Menschen lassen sich scheiden. Frauen werden geschlagen, Frauen und Kinder werden missbraucht. Was passiert mit uns Menschen? Ich bete immer wieder, dass Gott uns nicht straft für das, was wir hier auf dieser Welt so alles abliefern. Tiere werden grausam gequält und nicht artgerecht gehalten. Haben wir Menschen keine Gefühle mehr für unsere Nächsten und unsere Tierwelt, für unsere Nahrung, die aus Gründen des Gewinns manipuliert wird? Ich werde einfach nicht müde, darauf hinzuweisen, dass wir Menschen endlich die Einsicht erhalten mögen, wie wichtig unser Handeln und Tun für diese Welt ist. Mit jedem Wort will ich den Menschen sagen, ändert euch! Steht für diese wunderschöne Welt auf, verbreitet Liebe. Das heißt aber nicht, dass wir alles hinnehmen müssen. Wir müssen gegen das Böse aufstehen und uns dagegen wehren. Dabei ist eines wichtig! Das Gute wird immer über das Böse siegen. Deshalb tut euch zusammen und kämpft gemeinsam für das Gute auf unserer Welt. Wer nicht für das Gute einsteht, der gehört nicht zu uns. Der gehört auch nicht zu Gott! Gott ist Liebe, und das sollen wir in seinem Namen auch zeigen und kundtun. Er liebt alle seine Kinder, deshalb vergesst nicht zu beten!

Mein Engel spricht zu mir

Gerade hatte ich aufgehört, an dem neuen Buch zu schreiben. Ich setzte mich hin, um einen Kaffee zu trinken und Kuchen zu essen, als ich plötzlich hörte: „Marlene, hol dir Papier und einen Stift, ich sage dir jetzt, was du noch schreiben musst. Es ist sehr wichtig!“ Ich war total perplex, denn ich wollte mich gerade ausruhen, aber ich tat, was mein Engel mir sagte. Kurz zuvor saß ich noch da und fragte meinen Engel, was für Themen für die Menschen noch wichtig seien.

Durchsage von meinem Engel! Er sagte: „Vergesst Tschernobyl und Fukushima nicht! Nur durch Gottes Macht und Liebe zu euch Menschen wurde das Schlimmste verhindert. Aber ihr vergesst so schnell. Eure Politiker sind befangen. Sie wollen die Atomkraft nicht. Auch sie haben Angst vor den Folgen! Aber da geht es nur um Macht und Geld. Ihr müsst auf die Straßen gehen! Wehrt euch! Ihr sagt immer, die Macht geht vom Volk aus. Es genügt nicht, wenn einige Länder aus der Atomkraft austreten und andere Nationen machen weiter. Atomkraft hört nicht an der Grenze auf. Gott hat euch die Sonne und den Wind gegeben. Ihr habt alles, was ihr braucht, um Licht und Wärme zu erzeugen. Ihr habt auch das Wissen. Kämpft für das Gute! Atomkraft, Atombomben sind Teufelswerk. (Ich sage nie das Wort Teufel.) Sie können euch vernichten. Deshalb tut alles, was möglich ist, damit die Atomkraft von der Erde verschwindet. Denn ein Fehler, ein Irrer an der

Macht und es könnte euer Ende bedeuten. Das Ende des Blauen Planeten. Den auch Gott und seine Engel mit den Bewohnern lieben. Euer aller Leben ist eine Lernaufgabe. Aber lehrt und lernt nur das Gute. Gebt das Gute und die Liebe weiter, nicht das Schlechte, das euch vernichten kann. Ihr alle seid geliebte Seelen. Gott hat das Gute in eure Seelen gepflanzt, nicht das Böse! Es sind die äußeren, weltlichen Umstände, die manche, oder besser gesagt viele Menschen so verändert haben. Nur der Stärkste, der Größte und der Gnadenloseste gewinnt. Lasst wieder das Gute in eure Seelen einkehren, vor allem die Liebe! Ohne die Liebe seid ihr nichts. Gott gab euch die Liebe, um gut durchs Leben zu kommen. Die Grausamkeiten, die derzeit auf der Welt passieren, sind ein Bestandteil der Macht, der Gier, des Neides und der Rücksichtslosigkeit. Die Welt war zu keiner Zeit gut. Immer gab es Schrecken und Gemetzel und Gräueltaten. Aber Kinder und Frauen wurden meistens verschont. Es war die Aufgabe der Männer, ihr Land und ihre Familien zu schützen. Damals gab es andere Waffen als heute. Gott warnt euch vor der Atomkraft! Ihr seid noch nicht einmal in der Lage, die Abfallprodukte gefahrlos zu entsorgen. Wir auf der anderen Seite lieben euch. Schon viele Gefahren haben wir von euch abgewendet. Aber auch ihr müsst etwas für Sicherheit und Frieden in eurem Land tun. Hört auf meine Worte. Da gab es Seher, die haben viele Grausamkeiten für euer Jahrhundert vorausgesagt. Aber es liegt an euch, alles zum Guten zu lenken. Nichts dergleichen muss eintreten, wenn ihr umkehrt, wenn ihr euch auf das Gute besinnt. Wenn ihr verzweifelt seid, ruft uns, wir sind immer für euch da. Alle Religionen sind bei uns gleich. Da gibt es keine Unterschiede. Bei uns zählt nur das Gute in eurer Seele. Die Liebe in euch! Vergesst niemals, wir lieben euch! Marlene, ich kann es dir versichern. Es sind nicht deine Worte. Aber gib sie den Menschen weiter. Es liegt bei jenen, die deine Bücher lesen, ob sie glauben oder nicht. Wir finden immer Wege und Quellen, unsere Gedanken an die Menschen weiterzugeben. Du wolltest für uns nicht mehr schreiben. Aber irgendwie haben wir es wieder geschafft."

Als ich im Nachhinein den Text las, musste ich weinen, denn die Worte kamen nicht von mir. Und diese Worte meines Engels haben mich sehr berührt. Der Stift hat so schnell geschrieben, so schnell konnte ich gar nicht denken.

Am gleichen Abend hatte ich ein wunderschönes Erlebnis. Es kam mir vor wie ein Dankeschön aus den Jenseitswelten. Ich lag auf der Couch und schaute mir die Sendung von Theresa Caputo: „Long Island Medium" an. Da es schon sehr spät war, war ich wohl kurz eingenickt. Als ich dann wieder aufwachte, sah ich eine rote Rose vor mir. Sie wurde von niemandem gehalten, sie stand direkt vor mir und war wunderschön. Nach etwa einer Minute war die wunderschöne Rose wieder verschwunden. Als ich dann aufstand, sah ich genau dort, wo die Rose gestanden hatte, eine große weiße

Feder liegen. Das zeigte mir, dass es sich um meinen Engel handelte. Er hat sich bei mir dafür bedankt, dass er meine Kaffeepause gestört hat.

Paris, 13. November 2015, ein Tag des Grauens!

Ein paar Tage vor dem oben genannten Datum kam ich mit meiner Freundin aus Paris zurück. Bevor ich die Fahrt mit dem TGV buchte, sagte meine Tochter zu mir: „Mama, du bist unvernünftig! Im Moment sollte man Großstädte wie Paris meiden, oder möchtest du dich unbedingt in Lebensgefahr begeben?" Ich sagte: „Du musst keine Angst haben, denn meine Engel reisen mit und passen auf uns auf." Bevor ich die Reise buchte, saß ich am Computer und fragte meinen Engel, ob es tatsächlich im Moment so gefährlich sei, nach Paris zu fahren. Ich bekam die Antwort: „Fahre nicht an einem 13.!" Zuerst wollte ich in einem Zeitraum buchen, in dem auch der 13. dabei war, denn Ende Oktober bis Mitte November wurden bei den Hotels immer die günstigsten Preise angeboten. Und für mich ist die beste Zeit, in Urlaub zu fahren, der Monat November. Da habe ich am wenigsten Arbeit. Also änderte ich unser Reisedatum und schaute, dass kein 13. dabei war. Wir hatten einen wunderschönen Urlaub in Paris und kamen ohne Probleme und gesund zurück.

Dann ging ich am Mittag mit meiner Freundin zum Sport. Im Auto sagte ich zu Ute: „Es ist November und Freitag, der 13. Ich bin mir sicher, heute wird etwas Schlimmes passieren." Sie aber lachte mich aus und sagte: „Hab keine Angst, Freitag, der 13., ist mein Glückstag." Irgendwann sah ich bereits am Vortag im Fernsehen, dass die deutschen Fußballspieler im Hotel Molitor in Paris eine Bombendrohung bekamen. Ich dachte, nun sind die Behörden sicherlich aufmerksam und passen auf die Stadien und Bezirke im Umkreis auf. Wem hätte ich sagen können, dass etwas Schreckliches passieren wird? Ich konnte nicht sagen: „Mein Engel hat es mir vorausgesagt!“ Jeder hätte mich ausgelacht. Und tatsächlich, das Furchtbare geschah einen Tag später. Eine der schönsten Städte der Welt wurde vom IS angegriffen. Ich hatte ein Gefühl, als hätte man auch mich angegriffen. Es war kaum zu ertragen, was in dieser schönen Stadt passiert war. Mein Engel hatte mich gewarnt.

Die Anschläge vom Freitag dem 13.11.15 in Paris waren die schlimmsten, die Frankreich seit dem Zweiten Weltkrieg erlebt hat – 132 Menschen verloren durch die sinnlosen Attentate ihr Leben. Auch die Frau von Antoine Leiris war unter den Opfern. Er ist Vater eines 17 Monate alten Jungen. Auf Facebook schrieb er den berühmten Satz: „Meinen Hass bekommt ihr nicht. Ihr schafft es nicht, trotz des größten Verlustes meines Lebens, dass ich der Wut und dem Hass verfalle.“ – Denn er weiß, dass dies das Ziel der Terroristen ist.

Antoine Leiris schreibt weiter: „Freitagabend habt ihr das Leben einer außergewöhnlichen Person geraubt. Sie war die Liebe meines Lebens, die Mutter meines Sohnes, aber ihr werdet meinen Hass trotzdem nicht bekommen. Ich weiß nicht, wer ihr seid, und ich will es auch nicht wissen. Ihr seid tote Seelen. Wenn dieser Gott, für den ihr blind tötet, uns nach seinem Ebenbild erschaffen hat, dann war jede Kugel, die den Körper meiner Frau traf, auch eine Kugel in sein Herz. Nein, ich werde euch nicht den Gefallen tun, euch zu hassen. Auch wenn ihr es wirklich versucht habt – euren Hass mit Wut zu beantworten, würde bedeuten, sich der gleichen Ignoranz wie der euren hinzugeben. Ihr wollt, dass ich Angst habe, dass ich meinen Mitbürgern misstraue, dass ich meine Freiheit für Sicherheit opfere. Verloren. Ich werde so weitermachen wie zuvor.

Ich habe sie heute Morgen gesehen. Nach Tagen und Nächten des Wartens. Sie war so hübsch wie an dem Freitagabend, an dem sie ging. So hübsch war sie auch, als ich mich vor zwölf Jahren hoffnungslos in sie verliebt habe. Natürlich macht mich die Trauer fertig, diesen kleinen Sieg lasse ich euch, aber er wird nur von kurzer Dauer sein. Ich weiß, dass sie uns jeden Tag begleiten wird und dass wir uns im Paradies der freien Seelen wiedersehen werden, zu dem ihr niemals Zutritt erlangen werdet.

Wir sind zwei, mein Sohn und ich, aber wir sind stärker als alle Armeen dieser Welt. Leider kann ich euch nicht noch mehr Zeit widmen, ich muss zu Melvil zurück, er wacht gerade von seinem Mittagsschlaf auf. Er ist 17 Monate alt, er wird essen wie an jedem Tag, er wird spielen wie an jedem Tag, und sein ganzes Leben wird dieser kleine Junge euch trotzen, indem er glücklich und frei sein wird. Weil ihr auch seinen Hass nicht bekommen werdet."

Bei Facebook haben ihm viele Freunde und Bekannte ihre Anteilnahme versichert – und sprachen ihm für seinen Mut und seine Trauer viel Respekt aus. Antoine bringt es mit seinem Schreiben auf den Punkt – der IS versucht mit all seinen Anschlägen, einen Keil zwischen die Menschen zu treiben, insbesondere zwischen Muslime und den Westen.

Dann kam Brüssel, im Flughafen wurden weitere Bomben gezündet! So viele Menschen mussten sterben. Danach kam Nizza, wo ein Irrer so viele Menschen, darunter viele junge Familien, mit einem Lkw umbrachte. Und dann kam ein Asylant aus Deutschland, der hilflose Menschen, die einen schönen Urlaub in unserem Land verbringen wollten, mit einer Axt und einem Messer angriff. Menschen im Zug mit einer Axt anzugreifen ist so krank! Er wurde nach der grauenvollen Tat erschossen, weil er noch die Polizisten angriff. Der Pakistani oder Afghane war eigentlich gut aufgehoben in einer netten Pflegefamilie. Er hatte eine Arbeit, er hatte Zuwendung. Dann kam München, wo ein junger Mann wahllos auf Menschen schoss. Dann wieder ein Attentat der IS in den USA. Ich hatte davon geträumt, hörte den Krach und sah im Traum ganz viele Menschen rennen. Als ich durch diesen furchtbaren Traum der aus Terror bestand wach wurde, machte ich sofort N-TV an, denn ich wusste, es war wieder etwas schlimmes passiert. Und tatsächlich, es war der 18.9.16 und ich sah genau diese Szene, von der ich vorher träumte nun im Fernsehen.

Viele lieben uns nicht! Wir Christen sind Unreine für sie. Sie glauben, für Gott zu kämpfen. Sie möchten uns Ungläubige vernichten im Namen Allahs. Aber Gott ist Liebe und diese Menschen sind so krank. Sie werden weder Gott noch die vielen Jungfrauen im Himmel antreffen. Denn ihr Platz sind die unteren Ebenen, auf die ich nicht kommen möchte.

Aber vorher kam die Politik von Frau Merkel. Alle durften unkontrolliert ins Land! Die Botschaft haben wir verstanden. Menschen in Not und Kriegsflüchtlingen muss man helfen. Aber in der heutigen Zeit kann man nicht jeden unkontrolliert ins Land lassen. Das werden die meisten nun langsam verstanden haben. Denn der IS hat auch seine Krieger geschickt. Junge Männer, die so bedauernswerte Wesen sind, da sie alleine reisen. Das mag zwar bei einigen zutreffen. Aber das muss aufhören. Es wird unsere Sicherheit vernichten. Erst jetzt wird so manchem klar, was unsere Politik angestellt hat. Es war dumm und unüberlegt. Und was danach kam, war noch unüberlegter. England hat die EU verlassen, weil sie sich durch die unkontrollierte Einwanderung bedroht sahen. Man sprach von einem Friedensnobelpreis für Frau Merkel! Ich dachte, wie ist das möglich, für so einen gravierenden Fehler noch einen Preis zu bekommen? Sie ruiniert Europa. Und das ist tatsächlich der Fall, denn England wäre niemals aus der EU ausgetreten. Sie wollten kein Einwanderungsland mehr sein. Sie sahen den Fehler, den Frau Merkel gemacht hat. War das von anderen Nationen gewollt, um Europa zu schwächen? Man hätte die Einreisenden ganz genau kontrollieren müssen. Und wo waren die Frauen und Kinder? Die saßen in den Kriegsgebieten! Die Männer hatten alle ihre Papiere verloren, aber alle hatten ein iPhone dabei, das ging bei der langen Reise nicht verloren. Wir sahen nur Männer nach Europa strömen. Dann fing die Vertuschungspolitik an, um das Volk den großen Fehler der Politik nicht spüren zu lassen. Leider haben wir auch den IS ins Land gelassen. Viele sind untergetaucht! Was wird hier noch alles passieren? Was wird im Untergrund geplant? Irgendwann werden wir wieder weinen müssen, um geliebte Menschen und um Freunde, die wir verloren haben.

Es ist furchtbar traurig, wie viele Menschen nach den vielen Anschlägen ihre Lieben verloren haben. Aber genauso schlimm ist es, wenn Menschen behaupten, sie haben es für Gott getan. Gott ist Liebe. Und diese Menschen verbreiten Terror, Hass, Angst und Tod. Es ist richtig, was Antoine schreibt. Er werde seine Frau eines Tages im Paradies treffen, aber sie, die Mörder, werden niemals dort hinkommen. Wer Menschen sinnlos und ohne Grund ermordet, kann nicht auf die Güte und Liebe Gottes hoffen. Ihre Begleiter sind auch nicht die Engel, sondern der IS wird von dem Bösen geleitet. Es ist traurig, wie unsere Welt immer mehr zu einem Schauplatz des Terrors wird. Deshalb sage ich immer: „Mehr denn je brauchen wir einen Engel an unserer Seite, ob es ein Erdenengel oder ein Engel aus den anderen Sphären ist. Denn Engel verbreiten

Liebe und das Gute und keinen Hass. Ich bete täglich, dass Gott uns von dem Hass, der zum Teil fast überall gegenwärtig ist, befreit. Niemals wird unsere schöne Welt, unser wunderbarer Blauer Planet, wieder so sicher sein, wie er es einmal war. Das Wichtigste ist im Moment die Liebe zu Ihrem Partner, Ihren Eltern, Ihren Kindern und Freunden. Schenken Sie einfach die Liebe und das Vertrauen allen Menschen, mit denen Sie zusammenleben müssen. Hass und Neid und Angst haben so viele schreckliche Gesichter. Das sind Eigenschaften, die dürfen wir nicht in unseren Gedanken beheimaten. Wenn Sie die Eigenschaft „Liebe" in Ihr Herz lassen, wird alles um Sie herum wieder hell und schön. Wo Liebe ist, wird Friede, Licht, Glück, Schönheit und Freude sein. Liebe ist der Motor des Lebens und der Antrieb dieser Welt! Schenken Sie den Menschen ein Lächeln. Es kostet nichts und macht andere glücklich!

Für unsere schöne Erde wünsche ich mir nur Liebe und Frieden. Sie ist ein Geschenk Gottes. Und diese Welt wird von den Menschen mit Füßen getreten und aufs Schlimmste ausgebeutet und missbraucht. Pflanzen Sie Bäume in Ihrem Garten. Denn ohne diese Welt sind wir verloren. Behandelt sie mit Feingefühl. Aber die Menschen sind bereits wieder auf der Suche nach einem anderen Planeten, den sie ausbeuten und zerstören können. Niemals zuvor steckte die Erde in so einem furchtbaren Chaos. Und Gott und die Engel und unsere Lieben auf der anderen Seite sind traurig über das, was hier bei uns auf der Erde passiert."

Engel im Alltag

Anita und Karin waren alleine im Haus. Ihre Männer waren zum Angeln gefahren und wollten erst in zwei Tagen wieder zurück sein. Da Anita sehr ängstlich war, lud sie ihre Freundin Karin zu sich ein, um bei ihr zu übernachten. Gegen Mitternacht wollten sie zu Bett gehen, als sie plötzlich von einem lauten Geräusch aufgeschreckt wurden. Keine der beiden Frauen hatte den Mut nachzusehen. Sie saßen gemeinsam im Dunkeln im Wohnzimmer und hofften, dass alles glimpflich ausgehen würde. Aber es kam anders. Der Eindringling hatte sie entdeckt und wollte die beiden Frauen fesseln. Anita rief ganz laut nach ihrem Engel. Plötzlich sahen die Frauen zwei riesengroße Schatten in Form eines Engels. Es mussten ihre Engel gewesen sein. Sie konnten die Engel mit dem Eindringling kämpfen sehen. Der Eindringling ließ von ihnen ab. Sie hörten ihn noch schreien: Was ist denn jetzt los? Dann ergriff er sofort die Flucht, denn er war total außer sich. Da kämpfte etwas gegen ihn, was er nicht sehen, sondern nur spüren konnte. Anita und Karin dankten ihrem Engel, denn er hatte ihnen vermutlich das Leben gerettet. Sie glaubten zwar an Engel, aber dass sie ihren Engel zu ihrem Schutz einmal sehen durften, wenn auch nur als Schatten, war für sie ein wunderbares Geschenk.

Am 6. Mai war ich mit einer Freundin bei mir zu Hause verabredet. Sie wollte mit dem Pkw kommen und dann wollten wir gemeinsam mit dem Zug nach München fahren, das nur 90 Kilometer entfernt war. Schon am Tag zuvor hatte ich das seltsame Gefühl gehabt, dass sie am 6. Mai nicht mit mir nach München fahren würde. Deshalb fragte ich noch einmal nach, ob es bei dem Termin bleiben würde. Aber natürlich komme sie mit, war ihre Antwort. Am Freitag stand ich bereits fertig für unsere Fahrt nach München und hörte innerlich immer wieder diese Stimme, die sagte: „Marlene, du wirst heute alleine nach München fahren müssen." Und tatsächlich klingelte gleich darauf das Telefon, meine Freundin rief ganz verzweifelt an und sagte: „Du musst leider alleine nach München fahren, denn ich stehe an der Autobahn und mein Reifen ist gerade geplatzt." Sie sagte, sie stehe Todesängste aus, denn die Lkw und Pkw rasten an ihr vorbei und sie hoffe, dass nichts passiere. Ich fragte sie, ob ich jemanden anrufen soll, um ihr Fahrzeug abzuschleppen, aber sie sagte, das hätte sie alles bereits veranlasst. Ich solle mir den schönen, sonnigen Tag nicht verderben lassen und alleine nach München fahren. Was ich dann auch tat. Ich fuhr alleine mit dem Zug nach München.

Ich ging dann zum Essen und erfreute mich an einem kleinen Baby, das mir immer wieder zuwinkte und mich anlächelte. Dann schlenderte ich noch durch die schöne Stadt und rief meine Freundin wieder an. Ich fragte sie, ob alles in Ordnung sei. Sie sagte: „Marlene, stell dir vor, der Abschleppdienst kam nicht, ich stand drei Stunden am Straßenrand. Dann hielt ein jüngerer Mann hinter mir am Seitenstreifen an und half mir, den Reifen zu wechseln. Und dieser junge Mann kam gerade aus dem Krankenhaus nach einer Leistenbruch-Operation, er war Türke. Alle sind an mir vorbeigefahren und haben mich stehen lassen und dieser Mann, der noch nicht ganz genesen war und dem es verboten war, etwas Schweres zu heben, hat mir als Einziger unter Einsatz seines Lebens geholfen. Denn man hört ja so oft, dass Menschen, die auf der Standspur stehen, getötet werden." Wir weinten beide am Telefon. Ich sagte dann zu ihr: „Ich habe das komische Gefühl, mit mir passiert heute auch noch etwas." Sie sagte noch: „An so etwas darfst du gar nicht denken." Aber ich darf meine Gefühle nicht unterschätzen, denn ob sie positiv oder negativ sind, meistens kann ich mich auf sie verlassen. Und so kam es dann auch.

Den Zug um 16 Uhr, der durchgefahren wäre, hatte ich verpasst. Dann nahm ich einen Zug, bei dem ich in Buchloe umsteigen musste. Ich hatte keinen genauen Fahrplan, wusste aber die Richtung, und Buchloe lag auf der Strecke. Die alten Züge hatten ja noch richtige Abteile, in denen bis zu sechs Personen Platz finden konnten. Ständig kam ein kleiner Junge zu mir und winkte mir zu. Ich winkte ihm zurück und dann öffnete er das Abteil. Er sah aus wie ein Kind aus den Kriegsgebieten. Ganz schwarze Haare, sehr dunkle Augen und ein dunkler Teint. Er war ein reizendes Kind. Ich versuchte mich mit ihm zu unterhalten, aber er verstand unsere Sprache nicht. Als ich fragte, wie alt er sei, konnte er es nicht sagen, sondern zeigte mir immer nur seine kleinen drei Finger. Aber er sagte ständig einen Satz, den er immer wiederholte: „Du musst mit mir gehen!" Er sagte mindestens 20-mal die gleichen Worte: „Du musst mit mir gehen!" In dem Moment kannte ich noch nicht die Bedeutung seiner Worte, dachte aber: Wie kann er diesen Satz sagen, wo er doch gar kein Deutsch sprechen kann? Ich gab ihm aus meiner Handtasche eine Medaille mit der „Mutter Gottes" und sagte: „Die Mutter Maria wird immer mit dir gehen und dich begleiten. Sie wird auf dich aufpassen und dich immer beschützen." Und dieser eine Satz sollte nachher eine besondere Bedeutung für mich erhalten.

Als der Zug in Buchloe einlief, hörte ich noch, wie der Lautsprecher sagte, auf dem Gleis gegenüber fahre der Zug nach Memmingen ab. Es waren noch drei Minuten bis zur Weiterfahrt. Ich rannte auf das Gleis gegenüber und sah, dass an dem Zug Bad Wörishofen stand. Also stieg ich in den Zug und fragte jemanden: „Welcher Zug fährt denn bitte nach Memmingen?" Die nette Dame sagte zu mir: „Sie müssen wieder aussteigen und ganz nach vorne laufen, denn dieser Zug wird abgekoppelt und fährt dann woanders hin." Ich versuchte so schnell wie möglich aus dem Zug zu kommen und wollte in das vordere Abteil einsteigen. Leider hatte ich eine Sonnenbrille an und konnte nicht erkennen, dass zwischen dem Zug und dem Bahnsteig eine große Lücke war. Der Zug war tiefer gelagert als der Bahnsteig. Also fiel ich genau auf die Gleise und an der Mauer des Bahnsteigs schlug ich mir alle Knochen an. Es war ein furchtbarer Schmerz. Die Menschen kamen angelaufen, um mir zu helfen. Sie wollten einen Krankenwagen rufen. Aber ich sagte nur: „Es tut zwar furchtbar weh, aber ich muss nach vorne ins Abteil." Mein erster Gedanke war, zum Glück meine Zähne nicht verloren zu haben, denn die dritten wachsen ja nicht mehr nach. Ich dachte aber nicht daran, dass der Zug möglicherwiese gleich hätte anfahren können und ich noch auf den Gleisen liegen würde. Die Menschen um mich herum waren total aufgeregt, aber ich war die Ruhe selbst. Sie streckten mir die Hände entgegen, um mich zwischen Zug und Bahnsteig rauszuziehen, aber ich wollte es alleine schaffen und sprang ohne Hilfe aus dem Gleisbett heraus.

Dann rannte ich in das erste Abteil. Und da sah ich den kleinen Jungen, der immer zu mir sagte: „Du musst mit mir gehen!" Total lädiert setzte ich mich hin und spürte, wie das Blut von meinem Arm strömte und mein Bein immer mehr schmerzte und dicker wurde. Hätte ich auf den kleinen Jungen gehört, wäre das Ganze nicht passiert, denn er saß im richtigen Zug. Meine Engel wollten mir helfen und ich habe nicht zugehört. Ich habe mir vorgenommen, in Zukunft besser auf sie zu hören.

Berichte von jungen Frauen, die ich im Internet gefunden habe. Und ich muss sagen, sie spiegeln die Ansichten unserer Gesellschaft in Bezug auf Engel und Jenseitserfahrungen genau wider. Niemandem wird geglaubt. Immer, wenn ich dieser Kritik begegne, muss ich an die Worte eines Lesers denken. Er nannte die Menschen, die an diesen Erlebnissen zweifeln, „Ungläubige“. Sie glauben zwar an Gott, gehen auch an Sonntagen in die Kirche, lehnen aber jegliche Erfahrungen, die andere Menschen machen, dennoch ab und kritisieren sie. Gerade weil diese Menschen in Foren ausgelacht werden, war es mir wichtig, ihre Berichte zu veröffentlichen. Am Schluss der Berichte möchte ich mich noch dazu äußern.

Berichte:

Ich habe sehr viele schlechte Erfahrungen gemacht mit diesen Themen, weil es immer wieder Menschen gibt, die alles besser wissen. Wenn sie etwas nicht selbst sehen oder erleben, glauben sie es auch nicht. In vielen Foren bin ich ausgelacht und verspottet worden. Heute versuche ich es wieder, von meinen Erlebnissen zu berichten. Ich stehe dazu, bis ich wieder sterben werde. Denn ich war bereits klinisch tot.

Am 11.11.1988 bekam ich einen Blutsturz, bedingt durch meine Krankheit (Nabelvenen-Thrombose). Ich erbrach sehr viel Blut. Man versuchte mich zu retten, aber ich musste sehr viel leiden. Ich bekam Bluttransfusionen und eine Sonde, die mir im Magen aufgepumpt wurde wie ein Ballon, mit einem Gewicht von einem Kilogramm, damit die Blutung gestoppt werden konnte. Am nächsten Tag wurde aus diesem Ballon wieder die Luft abgelassen und eine zweite Ader platzte.

Ich hörte noch die Ärzte rufen, man solle meine Angehörigen informieren, denn ich würde sterben. Im ersten

Moment überkam mich große Angst. Auch eine Trauer erfasste mich, weil ich diese Welt nun verlassen musste. Meine Tochter, mein Mann, meine Eltern, alle waren gekommen, um sich von mir zu verabschieden. Ich wollte ihnen noch so viel sagen, aber es war mir nicht mehr möglich, ich konnte nicht mehr. Ich hatte einfach keine Kraft. Auch ich spürte, dass es mit mir zu Ende ging.

Dann plötzlich fiel ich durch eine Art Tunnel. Mein ganzes Leben lief an mir vorbei. Ich erlebte Situationen, die ich schon lange vergessen hatte. Auf einmal war ich im „Nichts", es war angenehm dort und sehr schön, ein ungeheuerliches, schönes, strahlendes Licht stand vor mir, das mich magisch anzog. Plötzlich hörte ich eine Stimme, die mir zu verstehen gab, dass ich nicht ins Licht gehen durfte. Ich sah ein Geistwesen, das sehr liebevoll war. Es sagte zu mir: „Du musst zurückgehen, denn du hast noch so viel zu erledigen."

Mir war plötzlich bewusst, dass ich ja tot war. Aber es war angenehm und sehr schön für mich. Dieses Lichtwesen begleitete mich wieder zurück. Ich wusste instinktiv, dass es mein Schutzengel war, was dieses Wesen mir auch bestätigte.

Man spricht nicht in dieser „anderen Welt", es war Telepathie. Ich weiß aber auch, dass, wenn ich meinen Schutzengel wiedersehe, ich nicht mehr zurückkomme. Dies wurde mir auch gesagt. Als ich wieder untersucht wurde, stellte man fest, dass meine komplette Milz wieder da war, diese wurde mir aber mit vier Jahren operativ entfernt. War es ein Zeichen? Können solche Wunder geschehen? Oder war meine Milz einfach komplett nachgewachsen und funktionierte wieder? Dies alles wurde medizinisch dokumentiert.

Auch wenn sich noch so viele Leute aufregen, wenn ich über meine Krankheit und das damit verbundene Erlebnis schreibe, es ist die Wahrheit. Diese Dinge passierten tatsächlich. Hatte es einen Grund, dass ich das überlebt habe? Heute bin ich Heilerin und Lebensberaterin. War dies die Aufgabe, die ich noch zu erfüllen hatte? Ich habe sehr großen Erfolg mit meiner Arbeit. Und meinen Schutzengel kann ich spüren. Er ist an meiner Seite für immer und ewig. Mir wurde auch von ihm gesagt, dass ich ewig kämpfen müsse und dass mir viele Menschen nicht glauben würden. Wir alle haben einen Engel, wenn wir ihn auch nicht sehen. Aber es gibt so viele Dinge im Leben, die wir Menschen nicht verstehen, und dass es Geheimnisse gibt, das ist gut. Denn es lässt sich nicht alles erforschen und erklären.

Auf negative Kommentare kann ich verzichten, denn es berührt mich nicht mehr. Es muss akzeptiert werden, dass Menschen auch mal ehrlich über ihre Erlebnisse mit Engeln schreiben dürfen. Auch wenn es unsere Welt nicht versteht. Ich hatte mich vorher nie mit solchen Sachen befasst, denn ich kam aus der Modebranche. Mein ganzes Leben hatte sich so positiv verändert und ich eröffnete eine Praxis, schrieb ein Buch. Ich konnte vielen Menschen Mut machen.

Vielleicht ist das der Preis, der Spott der anderen, aber dies ist mir egal.

Alles Liebe

Sylvia

Nun ja, für meine Antwort werde ich bestimmt auch einiges einstecken müssen. Aber ja, ich habe auch Erfahrungen mit meinem Engel gemacht. Ich wurde von einem Auto angefahren und bin für einen Tag ins Koma gefallen. Dann habe ich einen Engel gesehen, der mir gesagt hat, dass es zu früh sei zu gehen. Dann bin ich aufgestanden. Es kann sein, dass es Einbildung war, aber ich denke wirklich, dass ich einen Schutzengel gehabt habe. LG Lisa

Es passierte vor vielen Jahren, wir hielten an einer Tankstelle an, als plötzlich ein Mann vor uns stand. Er sagte: „Fahrt ja nicht weiter, im Raum Stuttgart gibt es Eis und Eisregen, es ist sehr gefährlich!“ Als ich mich kurz umdrehte, war der Mann weg. Wir fuhren trotzdem weiter und wurden ganz plötzlich furchtbar müde. Auf einem Rastplatz vor Stuttgart schliefen wir dann ein. Als wir erwachten, war es schon fast Tag und wir wunderten uns, dass wir so lange geschlafen hatten in dem kalten Auto. Tatsache ist, dass es auf dieser Strecke tatsächlich Eisregen gab. Und wir hörten im Radio von den vielen Unfällen, die sich an diesem Abend ereignet hatten, während wir schliefen. Ich glaube jedenfalls, dass es ein Engel war, der uns gewarnt hat, nicht mehr weiterzufahren.

Ich war immer damit einverstanden, dass Gott alle Menschen liebt. Als mich aber jemand eines Tages fragte, ob ich glaube, dass Gott auch mich liebt, begann ich zu zweifeln. Warum sollte er? Die Diskussion war eindringlich. Einige Wochen später stand ich unter vielen Leuten am Bahnhof und wartete auf den Zug. Da kam von Weitem eine Afrikanerin – ich war lange in Afrika gewesen –, ging an allen vorbei, blieb vor mir stehen und sagte in gutem Deutsch: „Guten Tag, darf ich Sie etwas fragen?" „Fragen Sie", sagte ich. Und da kam's: „Wissen Sie, dass Gott Sie liebt?" Ich war wie vom Donner gerührt und fragte sie, wer ihr das gesagt habe. Leider hatte ich sie das instinktiv in einer afrikanischen Sprache, die mir geläufig war, gefragt, und so ging sie nicht auf meine Frage ein, sondern fragte, wieso ich ihre Sprache spreche. Ich hatte diese Frau vorher nie gesehen und sah sie auch später nie wieder, aber im Nachhinein wurde mir klar, dass sie für mich ein Bote (Engel) Gottes war und mir die Gewissheit überbringen sollte, dass Gott auch mich liebt.

Muntu

Komischerweise ich! Ich konnte nur durch eine Notoperation gerettet werden. Während ich auf dem Operationstisch lag und zwischen Tod und Leben schwebte, träumte ich, dass mich ein Engel fragte, ob ich jetzt gehen wolle oder noch mal zurück in meinen Körper möchte. Ich könnte gehen, ich hätte mein Lebensziel erreicht. Aber ich entschied mich zu bleiben. Das ist kein Märchen, es ist die Wahrheit!

Anne

Alexandra kam mit ganz schlimmen Kopfschmerzen aus der Schule nach Hause. Als sie ihrer Mama davon berichtete, meinte diese, sie solle sich ein bisschen ins Bett legen, dann würde sie sich bald wieder besser fühlen. Also hat sie sich in ihr Bett gelegt und ist eingeschlafen. Sie hörte, wie jemand ihren Namen rief. Zuerst wollte sie nicht reagieren, denn sie fühlte sich so schlecht, es ging ihr gar nicht gut. Als sie jedoch weiterhin mehrmals ihren Namen hörte, machte sie die Augen auf. Und vor ihr auf dem Bettrand saß eine wunderschöne Frau, die so viel Liebe ausstrahlte, wie es ihr noch nie begegnet war. Sie konnte den Sinn zuerst nicht verstehen. Dann sah Alex auch schon ein ganz helles Licht auf sich zukommen. Sie wollte in dieses wunderschöne, helle, warme Licht hineingehen. Aber diese Frau rief immer: „Alex! Geh nicht in das Licht, ich weiß zwar, dass es wunderschön ist und du dich geborgen fühlst, aber deine Zeit ist noch nicht gekommen, du wirst hier auf dieser Welt noch gebraucht. Du hast noch viele Aufgaben zu erfüllen. Wenn du durch dieses Licht gehst und diese Tür aufmachst, gibt es keinen Weg zurück." Sie hinderte sie mehrmals daran, ins Licht zu gehen. Sie solle jetzt aufstehen und zu ihren Eltern gehen. Also stand sie mit letzter Kraft auf und ging zu ihren Eltern, wo sie zusammenbrach. Alex ist in eine tiefe Ohnmacht gefallen und wurde sofort ins Krankenhaus gebracht. Dort hat man festgestellt, dass sie an einer Hirnhautentzündung erkrankt war. Es war das erste und letzte Mal, dass sie ihren wunderschönen Engel sehen durfte.

Wie Sie lesen können, passieren diese Dinge ganz vielen Menschen. Sie schreiben von ihren Erlebnissen im Internet, werden danach gemobbt, ausgelacht oder für verrückt erklärt. Wer gibt den Menschen, die diese Berichte lesen, das Recht, das zu tun? Diese Menschen, die ihrem Engel begegnen, sind in meinen Augen privilegiert, denn sie durften Dinge erleben, die nicht jedem Menschen in seinem Erdendasein passieren. Sie werden aber leider als Lachnummern hingestellt. Eigentlich möchten sie diese Menschen nur an ihren wunderschönen Erlebnissen teilhaben lassen. Unsere Bibel spricht und schreibt in Gleichnissen. Als ich im Unterricht saß und ein Priester uns sagte: „Was ihr da in der Bibel lest, sind alles nur Gleichnisse!", fiel in diesem Moment mein ganzer Glaube an Gott und Adam und Eva wie ein Kartenhaus zusammen. Ich war doch so fromm, rannte immer in die Kirche, sang im Kirchenchor, und nun sollte das alles nicht der Wahrheit entsprechen? Ich zog mich vom Glauben und der Kirche zurück. Aber Gott hat mich nach dem Tod meines Vaters eines Besseren belehrt. Durch die wunderschönen Erlebnisse mit Engeln und mit den Verstorbenen hat er meinen Glauben wieder gestärkt. Ich war für Gott eine verlorene Seele. Und es bedurfte sehr viel Überzeugungskraft, mich wieder für ihn zu gewinnen. Wie konnte er mich wiedergewinnen? Es gelang ihm nur mit der Hilfe seiner Engel, die er geschickt hatte. Ich wollte in diesem Buch nicht mehr davon berichten, wie wunderbar Gott arbeitet, um seine verlorenen Schäfchen wiederzugewinnen. Dann las ich diese Berichte im Internet und musste erkennen, dass es diesen Menschen genauso erging wie mir. Obwohl sie die Wahrheit sagten. Manchmal könnte man verzweifeln. Man hat so viele schöne Dinge erlebt und möchte es den anderen Menschen nur mitteilen. Man möchte sie beruhigen, will ihnen sagen, den Tod gibt es nicht. Glaubt an Gott, glaubt an die Engel, denn es gibt diese Dinge wirklich.

Mit Engeln und Geistwesen zu kommunizieren geht tatsächlich telepathisch. Ich schicke einen Gedanken und ich erhalte den Gedanken von meinem Engel. Es bedarf keiner Worte, wenn Sie mit Verstorbenen reden, Sie müssen nur denken. Ihre Lieben auf der anderen Seite hören und verstehen Sie mittels der Kraft der Gedanken. Sie schicken Ihnen die Gedanken zurück. Zuerst glaubt man, es sei Einbildung, aber ich habe immer wieder feststellen müssen, dass es richtig war. Denn es waren Dinge, die ich vorher nicht wissen konnte. Mit meinem Engel rede ich wie mit einem guten Freund. Ich frage ihn in Lebensdingen und bei wichtigen Entscheidungen. Ich fange an zu meditieren und rufe ihn. Nun weiß ich ja, dass mein Engel Duran heißt. Ich frage Dinge und bitte um Dinge, die er mir dann tatsächlich erfüllt. Manche suchen einen Parkplatz mit ihrem Engel. Für solche Kleinigkeiten möchte ich ihn nicht bemühen. Da ich nach diesem geschilderten Autounfall auch nicht mehr selbst Auto fahren möchte, muss ich ihn in dieser Angelegenheit auch nicht bemühen. Ich verlange von meinem Engel weitaus mehr. Hilfe bei größeren Entscheidungen, wie bei einer Trennung oder wenn ich neue Menschen in mein Leben lasse. Oder ich bitte bei größeren Reisen um seinen Schutz. Wie ich ja bereits geschrieben habe, hat er mich gewarnt, nicht an einem 13. November nach Paris zu fahren.

Bei jeder Meditation sehe ich immer die Farbe Violett. Es ist das Kronen-Chakra das mich dann mit den höheren Wesen verbindet. Die Meditation funktioniert wie ein Telefon ins Jenseits. Ich konnte früher nie meditieren. Ich konnte nicht wie andere Menschen einen Fluss mit einer wunderschönen Landschaft sehen. Bei mir erschien immer die Farbe Violett, sobald ich meine Augen schloss. Das ist auch heute noch so. Und es machte mich traurig. Bis mir das Medium John Olford bei einer Meditation erklärte, dass die Farbe Violett das Höchste bei einer Meditation sei.

Es ist die Verbindung zum Jenseits. Die Farbe Violett ist die höchste und feinste Schwingung des Farbspektrums. Es ist die Farbe des Geistes, der Inspiration und der Erkenntnis. Violett bedeutet reines Sein, Selbsterkenntnis, körperliche und geistige Entwicklung. Spiritualität, Wandlung, Hingabe, Frieden, Zusammenhalt, höheres Bewusstsein, spirituelle Entwicklung, Verbindung zum Göttlichen, Idealismus, Ehrfurcht, Engagement.

Treffen auch Sie Ihren Engel während einer Meditation. Engel kann man nicht erklären. Sie sind wunderbare Wesen. Viele Menschen können sie nicht sehen. Aber sie sind immer für uns da. Vertrauen Sie auf Ihren Engel, denn er liebt Sie!

Engel der Hoffnung M. Zacharias

Engel der Heilung, M. Zacharias

Mein Besuch bei John Olford

Der Mann einer Freundin hatte sich kurz vor Weihnachten das Leben genommen. Es passierte vier Monate nach ihrer Hochzeit. Ich war damals auf ihre Hochzeit eingeladen, konnte aber die Einladung wegen meiner Arbeit nicht annehmen. Sie bat mich, einen Termin bei John, dem Medium, für sie zu machen. Ich hatte sie über Weihnachten eingeladen, denn ich hatte Angst, sie würde sich etwas antun. Damit sie nach dem großen Schmerz und der Trauer nicht alleine zu John nach Augsburg gehen musste, machte ich ebenfalls einen Termin. Ich wollte nämlich Kontakt mit meiner Mama und meiner verstorbenen Freundin Doro aufnehmen. Doro war die Einzige, die ich bis dahin nach ihrem Tod noch nicht gesehen hatte. Bis auf ein paar kleine Zeichen, die sie mir geschickt hatte. Ich bekam eine E-Mail von meiner verstorbenen Freundin. Diese hatte sie mir bereits vor vier Jahren zu Ostern geschrieben. Aber der Text kam Jahre später, nach ihrem Tod, wieder auf mein Handy und passte genau zu der Situation, in der ich mich gerade befand. Sie gab mir die Antwort auf mein Problem. Die Mail war eigentlich bereits gelöscht und ich weiß bis heute nicht, wie diese nach so einer langen Zeit wieder an erster Stelle auftauchen konnte.

Mein Termin bei John Olford am 17. März 2016.
John sagte: „Eine ältere Dame ist hier, sie muss deine Mama sein. Sie ist eine sehr gepflegte Dame mit hellen kurzen Haaren, die sehr großen Wert darauf legt,

gepflegt zu sein und gut auszusehen. Es grenzt schon an Eitelkeit. Sie benimmt sich wie eine Prinzessin. Und sie ist keine 08/15-Persönlichkeit. Sie war lange sehr krank und am Schluss musste sie gepflegt werden. Sie zeigt mir ein Pflegeheim mit eigenen Möbeln. Sie war nie einsam, hatte viel Besuch. Du warst immer für sie da. Du kamst sie täglich besuchen und hast dich um sie gekümmert. Deine Mama konnte auch nicht alleine sein. Sie brauchte Menschen um sich herum. Sie liebte den Kontakt zu Menschen. Zu deinem Vater hatte sie keine Beziehung, sie war geschieden. Sie möchte vom Bodensee sprechen, aber du lebst doch in Memmingen, sagte ich. Sie war immer gerne am Bodensee, sie liebt diese Gegend. Und sie zeigt mir ein wunderschönes Zimmer mit Panoramablick über den See. Sie sagt, sie liebt diesen Blick, und ich auch. Dieser Blick sei für mich wie eine Meditation, und das mit offenen Augen. Dabei hätte ich immer das Gefühl, dass sie mir sehr nah ist. Sie sagt, das stimmt auch, sie sei oft da, wenn ich in diesem Haus am Bodensee bin. Sie will mir heute wieder sagen, dass es ihr gut geht.“ John drehte den Kopf und sagte: „Sie springt gerade hinter mir herum. So möchte sie dir sagen, dass sie wieder fit ist. Deine Mama hat erwähnt, dass du nicht mehr mit deinem Freund zusammen bist. Dein Ex-Freund, du hast ihn nun durchschaut.“ Ich sei sehr hilfsbereit und manchmal nutzten die Menschen das aus. Er sei so eine Person. Er tue nichts und hätte immer eine gute Ausrede, etwas nicht zu tun. Er sei unverbesserlich und nicht belehrbar. Ich hätte ihm gesagt, es geht nicht so weiter, aber er hat nicht reagiert. Es sei gewesen, als hätte ich Chinesisch mit ihm gesprochen. „Er sieht gut aus, aber ihr wart nicht verheiratet. Sie sagt, er hat versucht zurückzukommen, aber du hast entschieden, nein, du willst das nicht mehr. Aber es ist auch gut so! Du hast ein zu weiches Herz! Es hat dich deshalb sehr viel Kraft gekostet, diese Trennung zu vollziehen.

Du hast ihre Wohnung renoviert. Es gefällt ihr sehr gut, denn es ist jetzt viel heller. Du hast eine weiße Wandfarbe genommen. Ihre Wohnung sei wie euer Treffpunkt oder euer gemeinsamer Meditationsraum. Du redest dann immer mit ihr und das gibt dir besonders viel Kraft! Sie gibt dir so viel Kraft, wie sie kann." Ich hätte dann den Kopf frei von Alltagsgedanken. Ich würde auch immer wieder feststellen, sie ist nicht die einzige Person die für mich da ist und mir Kraft schickt. Ich würde meine Hände spüren, wie sie warm werden. Und ich hätte heilende Hände. Ich könne Menschen und Tieren helfen und ich solle mir keine Sorgen machen. Ich solle unbedingt aufpassen, wer in meiner Nähe ist und Heilung braucht.

„Ihre Wahrnehmung änderte sich. Sie wurde anders im Jenseits. Sie möchte jetzt anders reden. Sie ist nun der Meinung, dass sie, als sie auf der Erde war, sehr egoistisch gewesen sei und ich hätte das gewusst. Aber ich habe immer zu ihr gehalten. Ihr ganzes Leben war ein Missverständnis. Sie sagt: Die Liebe im Jenseits ist unendlich. Ich habe immer viel zu viel von dir verlangt. Du hast mich auch oft geheilt. Seit ich tot bin hast du mehr Energie.“ Sie hätte mir zu viel Energie genommen. Sie war kein schlechter Mensch, aber sie brauchte sehr viel Aufmerksamkeit. Man konnte sie nicht leicht zufriedenstellen. Ich hätte schöne Beine und soll nicht immer Hosen tragen, ich soll meine Beine öfters zeigen. Meine Beine wären so schön wie ihre.

Bei der Sitzung gab es noch sehr viele Dinge, die meine Mama gesagt hat, die aber zu persönlich sind, um darüber zu schreiben. Es wurden Namen und Orte genannt, die ich nicht unbedingt preisgeben möchte und die zu meinem persönlichen Leben gehören. Ich kann aber bestätigen, dass alles richtig war. Aber es war schön zu hören, dass sie mich so unendlich liebt.

Dann kam meine Freundin Doro. John sagte: „Da ist eine Frau, sie ist viel früher gestorben als erwartet. Sie deutet auf ihre Brust und den Bauch. Es fühlt sich wie Krebs an. Leider war ihr Abschied viel zu kurz. Normalerweise sehen Krebskranke auch krank aus, aber nicht ich, sagt Doro. Sie ist auch nicht abgemagert. Sie ist eine lustige und humorvolle Frau und mit ihr konnte man über alles reden. Marlene, sagt sie, sieht immer alles durch eine rosarote Brille.“ Sie hat immer versucht, mehr Realität in mein Leben zu bringen. Sie meinte immer, sie müsste mich beschützen. Es gäbe immer viele Männer, die sich für mich interessieren, aber ich soll mich von ihnen fernhalten. Es seien viele dabei, die sich nur bei mir ausruhen möchten. „Du sollst aber jemanden finden, der sich für dich interessiert, für deine Seele und dein Herz, nicht für das, was du hast. Sondern für das, was du bist. Das hattest du lange genug." Ihr geht es auf der anderen Seite sehr gut. Sie war ja zu Lebzeiten nicht sehr geschickt. Sie macht hier auf der anderen Seite alles. Auch nähen, häkeln und stricken. Aber es klappt nicht immer so. „Doro ist eine hübsche Frau mit einer positiven Ausstrahlung", sagte John.

Ich sagte: „Sie war kaum tot, da hatte ihr Mann bereits eine neue Frau, die er auch kurz darauf geheiratet hat. Mich hat das sehr getroffen. Denn während noch alle in Trauer waren, hatte er bereits vier Wochen später eine neue Partnerin."

Sie sagte: „Marlene, wir haben solche Gefühle im Jenseits nicht mehr. Aber ich hatte Gefühle für dich, denn ich habe deine Betroffenheit wahrgenommen. Er wollte eigentlich dich, spürte aber, dass du ihn nicht wolltest. Sei froh, dass er eine andere gefunden hat. Ich weiß, er kommt alleine nicht zurecht. Er braucht eine Frau, die ihm sagt, wie es weitergeht. Er braucht eine Mama." Sie habe auch keine Gefühle für die neue Partnerin, denn sie gehe mit offenen Augen in die Beziehung. Sie freue sich aber auch, dass er wieder emotional aufgeräumt sei. Er könne nämlich emotional sehr viel Schaden anrichten und sie habe am Anfang auch nicht gemerkt, dass sie die Mutter war. Welche Mutter gibt ihr Kind denn schon gerne her? Sie dachte immer, sie könnte ihn verbessern, aber es war hoffnungslos. Sie zeigt mir einen Esel und lächelt.

„Weißt du, was der Esel zu bedeuten hat?“, fragte mich John. Ich sagte: „Ein Esel steht immer für Sturheit und Dickköpfigkeit oder Dummheit. Sicher wollte sie damit sagen, dass es bei ihm keine Einsicht gab.“ Ich konnte mich noch an Zusammenkünfte erinnern, wo wir über meine Bücher sprachen und er immer sagte: „An diesen Quatsch glaube ich nicht!“ Doro sagte immer: „Ich kenne Marlene, sie lügt nicht.“ Sie konnte auch nicht glauben, dass mein damaliger Lebensgefährte noch keines meiner Bücher gelesen hatte. Sie fragte ihn und er hatte es ihr bestätigt. Damals konnte sie es auch nicht fassen. Aber es bestätigte ihr, dass ich auch bei Kleinigkeiten keine Märchen erzähle. Mein größtes Anliegen war, zu wissen, ob Doro mir böse war. Weil ich immer sagte, sie soll die Hoffnung nicht aufgeben, denn ich war mir ganz sicher, sie werde wieder gesund. Als sie dennoch starb, habe ich unter dieser Aussage furchtbar gelitten. Ich kam mir wie eine Schwindlerin vor und es hat mich sehr belastet.

Doro sagte: „Marlene, ich bin dir nicht böse, weil du immer sagtest, ich werde wieder gesund. Denn ich habe die Absicht hinter dem Gesagten verstanden, du wolltest, dass ich nicht mit dem Kämpfen gegen den Krebs aufhöre. Aus diesem Grund kann ich dir doch nicht böse sein!“ Sie hat immer gespürt, dass ich sie nicht loslassen wollte. Ich wollte aber auch nicht, dass sie leiden musste. „Du hast dich so viel mit der Thematik befasst, nur um mir helfen zu können.“ Sie wollte mir noch etwas auf den Lebensweg mitgeben: „Du darfst dich nicht zu sehr anderen Menschen anpassen. Sie sollen es lernen, sich dir anzupassen. Und außerdem, wie könnte ich dir böse sein? Du hast mich zu deinen Büchern geführt. Dafür bin ich dir so dankbar. Ich kam hier im Jenseits an und wusste gleich, was mit mir passiert. Dank deiner liebevoll geschriebenen Bücher. Deine Bücher waren für mich wie ein Reiseführer ins Jenseits. Wie andere Menschen Reiseführer für ihren Urlaub kaufen, damit sie sich zurechtfinden, hast du mir mit deinen sieben Büchern einen Reiseführer ins Jenseits mitgegeben, und dafür möchte ich dir heute danken. Ich habe in der letzten Zeit gesehen, dass du dich für Ahnenforschung interessierst. Wenn du es weiter betreiben möchtest, fange bitte mit deinem Papa an. Dann wirst du auch verstehen, warum er so ist, wie er war. Vielleicht schreibst du auch wieder ein weiteres Buch. Drück und küsse alle von mir, ich habe euch lieb und es geht mir gut!“

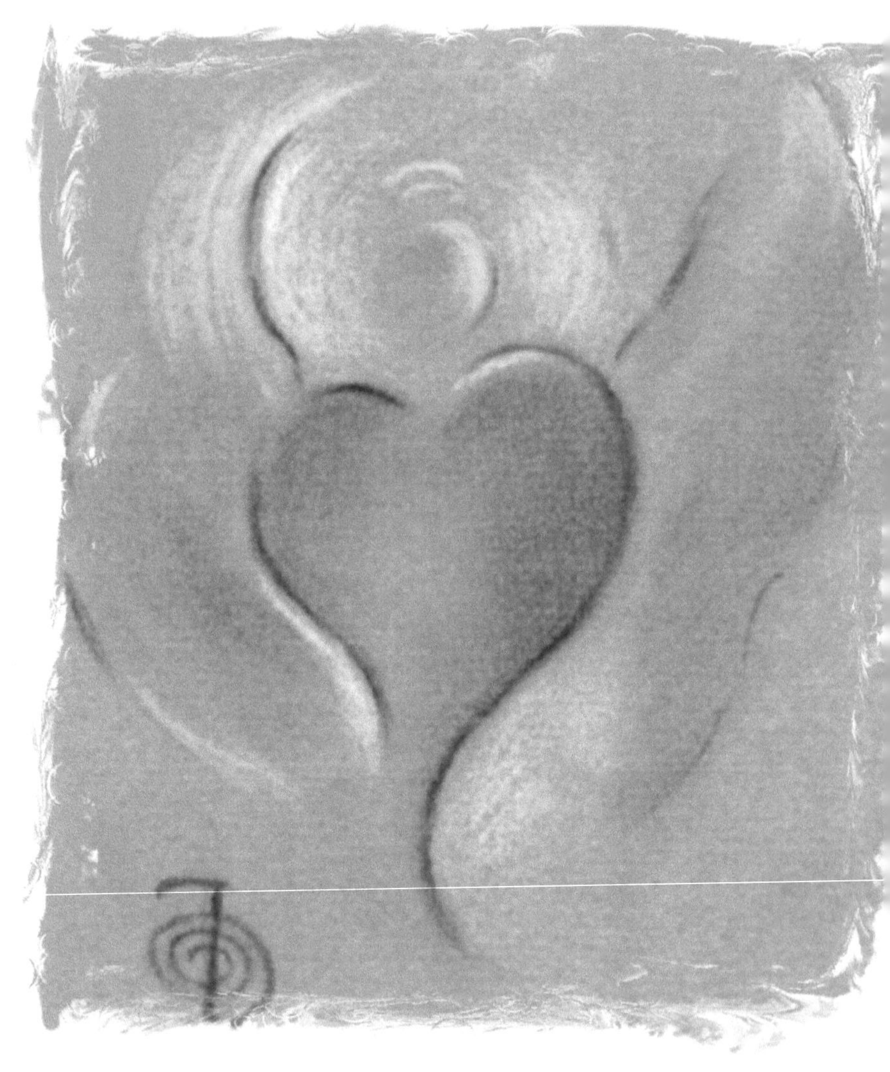

Herzengel, Marita Zacharias

Seelenpartner – Seelenverwandte

Sie sehen sich und sie lieben sich. Man kann nichts dagegen tun, denn es ist Seelenliebe und hat nichts mit körperlicher Liebe zu tun. Und sie sollen sich auch nicht dagegen wehren. Am Anfang haben sie aber Probleme, es zu verstehen. Aber das Universum hat es so gewollt. Den einen magischen Moment werden sie in ihrem Leben nicht mehr vergessen. Es ist das unwahrscheinliche Vertrauen, das von der ersten Minute an besteht. Sie haben auch die gleichen Gedanken. Sicherlich kennen sie sich aus einem anderen, früheren Leben. Und der Himmel hat sie wieder zusammengeführt. Das geschieht sehr oft, wenn beide Seelenpartner Probleme im Leben haben, nicht mehr weiterwissen und das Gefühl der Geborgenheit suchen. Und von ihrem Seelenpartner geht eine wunderbare Geborgenheit und Zuverlässigkeit aus. Sie können sich auch immer aufeinander verlassen. Man hat schon bei der ersten Begegnung das Gefühl: „Diesen Menschen kenne ich schon mein ganzes Leben oder aus einem früheren Leben!“ Das ist auch meistens so. Die Seelenpartner verabreden sich, erst dann wieder zusammenzukommen, wenn sie schwierige Aufgaben zu bewältigen haben und sie einander brauchen. Man versteht sich ohne Worte. Die Seelen werden sich finden. In der heutigen Zeit ist es leichter geworden, zueinanderzukommen, als noch vor 50 Jahren. Im Zeitalter der Technik ist alles viel einfacher. Diese Zusammenkunft der Seelen kann auch nur vorübergehender Natur sein. Es muss nicht auf sexueller Ebene sein, sondern auf freundschaftlicher Ebene. Aber eine gute Freundschaft zählt oftmals mehr als eine schlechte Ehe, wo das Gefühl der Zusammengehörigkeit bereits abhandengekommen ist. Dieses Gefühl des Gleichklangs der Seelen wird von beiden Partnern gleich stark empfunden. Diese Seelenliebe gibt es aber nicht nur zwischen Mann und Frau, sondern auch zwischen gleichgeschlechtlichen Partnern findet man diese enge Verbindung und das Gefühl, sich schon ewig zu kennen. Es kann die Freundin oder der Freund sein, der/dem man vollstes Vertrauen schenken kann und die/der immer für einen da ist. Das ist nichts Schlechtes, sondern ein wunderbares Geschenk. Ihr Seelenpartner oder ihre Seelenliebe kann sich aber genauso schnell wieder aus ihrem Leben entfernen. Nämlich dann, wenn sein Lebenschaos wieder gefestigt ist. Aber mit dem Herzen und ihren Seelen bleiben sie immer verbunden. Das macht Seelenliebe aus. Sie können sich für Jahre trennen, andere Partner haben und sie empfinden wieder dieses Zusammengehörigkeitsgefühl wie bei der ersten Begegnung. Sie sind sich ja nicht fremd. Nur wo genau sie mit ihrem Seelenpartner zusammen waren, können sie nicht sagen. Das sollen wir auch nicht wissen. Man sagt aber auch, Seelenpartner streiten sich sehr selten, weil ihre Herzen im Gleichklang schlagen. Sie haben sehr oft die gleichen Gedanken und die gleichen Gefühle und die gleichen Abneigungen oder die gleichen Dinge bereiten ihnen Freude. Es ist einfach ein wunderbares Gefühl. Und wenn Sie Ihren Seelenpartner treffen, genießen Sie die Zeit mit ihm. Auch dann, wenn es nicht sexueller Natur ist. Aber das Gefühl ist etwas Großartiges. Der eine denkt es und der andere spricht es aus.

Seelenverwandte kann man nicht suchen, denn sie sind Bestimmung. Wer in dieser Situation ist, möchte den anderen auch nicht besitzen. Keine Beziehung kann glücklicher sein als die von Seelenverwandten, die sich wiedergefunden haben. Die erste Begegnung mit einem Seelenpartner ist meistens zufällig und auch nicht geplant, aber man kann sie sofort spüren, diese Seelenliebe. Denn es ist ihre Seele, die ihnen sagt, ihr gehört zusammen. Es ist die starke Verbindung der Seelen, die man sofort erkennt. Man hat das Gefühl, seit dem letzten Treffen ist keine Zeit vergangen, obwohl man sich noch nie begegnet ist. Seelenpartner können sich über alles unterhalten, auch über Themen, die man mit niemand anderem besprechen würde. Man gibt dem Seelenpartner, was man hat, und erwartet nichts von ihm. Seelenliebe ist keine Verliebtheit, sondern echte, tiefe Verbundenheit. Ein dickes Band der Vertrautheit. Das ist die echte, wirkliche Liebe!

**Seelenverwandtschaft ist
ein Mensch, den man nie wieder vergisst.**

**Diese besondere Liebe hält ein Leben lang
zwischen zwei Menschen an.**

**Und leben sie auch getrennt,
wird es die Liebe sein, die sie für immer zusammenhält.**

Sie werden sich nie aus den Augen verlieren.

Ihre Seelenliebe lässt sich nicht manipulieren.

Wenn sie das Schicksal auch trennt und es nicht gut mit ihnen meint,

im Himmel sind sie wieder vereint.

Marlene Toussaint

Dualseelen

Dualis bedeutet: zwei enthaltend. Eine Seele hat sich vor der Inkarnation auf der Erde geteilt, um zwei eigenständige Leben zu leben. Durch ein starkes Band und eine magische Anziehungskraft werden sie ihre Dualseele sofort wiedererkennen. Die Seelen ergänzen sich so perfekt, dass sie eins werden, wenn sie sich im Laufe der Jahre bei ihrem Erdenleben wieder treffen. Die Dualseelen müssen sich nicht suchen. Sie werden sich sofort wiedererkennen, wenn sie sich wiederbegegnen. Ein Mensch kann mehrere Seelenpartner haben, aber nur eine Dualseele. Sobald sie sich das erste Mal sehen, glauben sie, sich selbst zu sehen. Diese andere Seele ist die andere Hälfte ihres Seelenanteils. Es gibt auch Dualseelen, bei denen nur ein Anteil inkarniert, während der andere Anteil in den himmlischen Sphären verweilt. Sollten sich Dualseelen wiederfinden, ist eine Trennung immer mit erheblichem Schmerz verbunden. Dualseelen sind besondere Partnerschaften und höchst spirituelle Verbindungen. Es ist auch möglich, dass Dualseelen in der gleichen Familie leben. Ihr Bruder, die Schwester, die Mutter oder ihr Vater könnten ihre Dualseele sein. Deshalb gibt es auch diese innige Liebe zu Eltern oder Geschwistern. Sehr oft ist es aber auch der männliche oder weibliche Seelenanteil. Diese Seelen finden sich in der Regel, sofern sie inkarniert haben. Dualseelen pflegen eine sehr innige Liebe.

Dies ist eine Überlieferung aus Japan. Bereits damals sprach man von Seelenliebe und den Dualseelen:

Es gibt eine Liebe, die über jede Liebe erhaben ist,
die Leben überdauert.

Zwei Seelen aus einer entstanden.

Vereinigt wie zwei Flammen,
identisch und doch getrennt.

Manchmal zusammen, durch Gefühl und Verlangen verschweißt.

Manchmal getrennt, um zu lernen und zu wachsen.

Aber einander immer wiederfindend.

In anderen Zeiten, an anderen Orten.

Wieder und wieder.

Schamanen

Der Schamane sieht mit dem Herzen und mit dem dritten Auge. Mit dem dritten Auge bezeichnet man auch den Blick ins Jenseits. Es steht für die Pforte, durch die man in innere Welten, auch in Räume des höheren Bewusstseins eintreten kann. Es ist der Zustand der Erleuchtung. Dort werden auch Geistesbilder und Visionen hervorgerufen. Man nennt diese Menschen auch Seher. Es gibt auch Menschen, die bezeichnen die uralte Heilkunst der Schamanen als Spinnerei oder als Hokuspokus. Aber es ist die älteste Heilmethode und es war die erste spirituelle Verbindung zum Göttlichen.

Schamanismus wurde von allen Naturvölkern praktiziert. Unter anderem von den Aborigines, den Indianern und den Afrikanern sowie bei einigen buddhistischen und islamischen Kulturen. Schamanen sagen, alles hat eine Seele. Egal ob Mensch, Tier oder die Pflanzenwelt. Man muss mit allem im Einklang stehen. Schamanen sagen auch, die Menschen werden krank, wenn sie nicht mehr im Einklang mit Mensch, Tier und Natur stehen. Dann ist die Harmonie von Körper, Geist und Seele gestört. Sie versuchen diesen Ausgleich durch bestimmte Rituale wiederherzustellen. Diese Aussage ist nachvollziehbar, da wir Menschen im Einklang mit der Natur leben sollten.

Man sagt, Schamanen können hellsehen, hellfühlen, heilen, Konflikte lösen, Menschen wieder glücklich machen und zusammenführen. Viele Afrikaner gehen zu ihren Schamanen, aber zu keinem Arzt. Und scheinbar hat es früher auch ohne Arzt in der Wildnis funktioniert. Man darf ihnen nicht unterstellen, dass sie erfolglos sind. Sie begeben sich mit ihrem Klienten auf eine geistige, tranceähnliche Reise. Wie und was löst die Trance aus? Einige nehmen Drogen, andere verbinden sich mit Geistwesen oder meditieren tief. Sie tauchen bei der Meditation in das andere Sein ein. Es handelt sich um veränderte Bewusstseinszustände. Ich spreche von Schamanen in anderen Ländern, denn bei uns gibt es auch Schamanen, die aber keineswegs unter Drogen stehen. Die Schamanen wecken auch den Glauben des Patienten, der die Heilkräfte seines Unterbewusstseins wachruft. Jeder Mensch kann mithilfe der Selbsthypnose gesund werden. Dieses Phänomen habe ich schon einmal in einem meiner Bücher beschrieben. Man kann sich krank und auch gesund denken. Man kann sich bzw. seinen Geist hypnotisieren.

Die Schamanen drücken es so aus: „Krankheiten entstehen, wenn der Körper etwas in sich hat, was er nicht haben sollte, oder wenn man dem Körper etwas nicht gibt, was er haben müsste. Bei Ersterem handelt es sich um falsche Energie, die sich dort eingeschlichen hat, wo sie nicht hingehört. Diese entsteht durch Angst, seelische Probleme, übermäßige Belastungen, Verletzlichkeit und falsche Lebensgewohnheiten. Das Energiefeld ist geschwächt und wirft uns seelisch gesehen aus der Bahn. Der Schamane möchte durch seine Rituale diese Energie wiederherstellen. Die Hauptursache von zu wenig Lebensenergie ist auch die Einsamkeit, das Getrenntsein, das Gefühl der Unvollständigkeit, der Trauer. Der Schamane stärkt durch seine Arbeit das Gefühl des Dazugehörens. Sie führen Heilrituale oftmals in größeren Gruppen durch, mit Rauch, Feuer, besonderen Gegenständen und Gewändern und Körperschmuck.

Jeder Mensch kann sein drittes Auge öffnen. Das „Dritte-Augen-Chakra“ befindet sich an der Vorderseite ihrer Stirn, zwischen beiden Augen. Man kann dadurch seine intuitiven Fähigkeiten besser wahrnehmen. Durch die Meditation kann man lernen, diese Fähigkeit zu erlangen. Ein Mantra muss nur ein einziges Wort sein. Zum Beispiel „Glück“ oder „Liebe“. Wenn man es sich täglich in der Meditation vorsagt, kann man es erreichen. Es kann auch etwas sein, was Sie sich schon immer gewünscht haben. Eine Meditation sollte immer in der richtigen Umgebung erfolgen, auch in der freien Natur stattfinden. Auf jeden Fall sollte es ruhig sein.

Der schwarze Hund im Krankenhaus

In einem Krankenhaus wurde mehrfach bei Nachtdiensten ein großer schwarzer Hund gesehen. Er kam aber nur nachts und wenn er kam, verschwand er immer in dem Krankenzimmer, in dem dann im Nachhinein tatsächlich der Patient verstarb.

Susanne sollte zum ersten Mal im Krankenhaus die Nachtwache übernehmen. Über den schwarzen Hund machte sie sich keine Gedanken. „Das wird irgendjemand erfunden haben, damit die Kolleginnen Angst bekommen, wenn sie nachts alleine auf der Station sind“, dachte sie sich.

Nachdem Susanne ihre Arbeit bei den Patienten beendet hatte, schaute sie sich eine Zeitschrift an. Dann hörte sie etwas die Flure herunterlaufen. Es hörte sich komisch an. Nicht so, als ob ein Mensch über den langen Flur laufen würde. Sie schaute raus und sah diesen schwarzen, großen Hund. Er verschwand in einem geschlossenen Zimmer und sie konnte kaum fassen, was sie gerade gesehen hatte. Kopfschüttelnd sagte sie: „Aber wo ist der Hund denn hin, die Türe des Krankenzimmers war doch zu?“ Dann öffnete sie die Türe von dem Krankenzimmer und der Patient sagte: „Schwester, haben Sie gerade den großen, schwarzen Hund gesehen?“ Aber der Hund war weg. Sie hatte Angst und hätte am liebsten sofort ihren Arbeitsplatz verlassen. Kurz vor Dienstschluss ging Susanne wieder durch alle Zimmer und genau in diesem Zimmer war der Patient verstorben. Es war genau der Patient, der den schwarzen Hund ebenfalls gesehen hatte. War der schwarze Hund ein Bote aus dem Jenseits? Oder kam das Tier, um die Toten abzuholen? Susanne hatte es zuerst nicht geglaubt, konnte es aber von nun an nicht mehr leugnen, sie hatte es mit ihren eigenen Augen gesehen. Sie machte in dem Krankenhaus keine Nachtschicht mehr. Sie sprach mit ihrer Freundin darüber, die im gleichen Krankenhaus arbeitet. Aber Franziska musste über den Quatsch lachen und sagte: „Ich werde nächste Woche Nachtdienst machen und dann werden wir ja sehen, ob es diesen mysteriösen Hund wirklich gibt." Als sie mit ihrer Nachtschicht anfing, schob sie den schweren Speisewagen vor sich her und stieß ganz plötzlich auf ein Hindernis. Sie blieb sofort mit dem Wagen stehen, um nachzusehen, was sie gerade angefahren hatte. Aber da war nichts zu sehen. Der Flur war leer und sie überkam ganz plötzlich ein komisches Gefühl – sie hatte doch etwas angefahren und nun war nichts mehr zu sehen! Sie musste aber weiterarbeiten. Als sie dann dem Patienten die Tabletten bringen wollte, war dieser tot. Genau an der Stelle, wo sie auf das Hindernis getroffen war, lag das Zimmer des Patienten.

Franziska hatte in ihrem Beruf als Krankenschwester sehr oft mit Menschen gesprochen, die klinisch tot waren. Sie hatten ihr im Nachhinein berichtet, dass sie im Licht waren. Es war so wunderschön, sagten die meisten, und sie wollten nicht mehr zurück in ihren

Körper. Aber scheinbar hatten sie auf der Erde noch eine Aufgabe zu erfüllen und deshalb schickte sie ein wunderbares Wesen auf die Erde zurück.

Franziska hat ihre Arbeit gekündigt. Sie wurde als Krankenschwester immer mit dem Tod konfrontiert und das wollte sie nicht mehr. Man müsste den Menschen, die in einem Krankenhaus arbeiten, weitaus mehr Dankbarkeit entgegenbringen, denn es ist ein sehr aufopferungsvoller Beruf. Täglich sieht man sehr viel Leid, Schmerz, Trauer und Not.

Danken Sie Gott täglich dafür, dass Sie gesund sind und eine Familie haben, die Sie liebt, und dass Sie diese Liebe erwidern dürfen. Das ist nicht selbstverständlich, denn es gibt sehr viel Leid auf dieser Welt. Beginnen Sie Ihren Tag mit einer guten Tat. Wenn wir nur einen Menschen glücklich machen, wird er dieses Glück weitertragen. Und es kommt zu einer Kettenreaktion der guten Taten. Die Freude Gottes, der Mutter Maria und der Engel im Himmel wird riesengroß sein!

Bericht von Pierrot Fey

Pierrot Fey habe ich durch sein Buch kennengelernt: „Wunder aus Liebe!" Er war, wie er sagt, ein schlechter Mensch. Er war ungläubig, ein taffer Geschäftsmann. Er drehte krumme Dinge und musste dafür ins Gefängnis. Dort erschien ihm Gott. Das war der Tag, an dem sich sein Leben veränderte. Er wurde gläubig und konnte ab da Menschen im Namen Gottes heilen. Aus einem Saulus wurde ein Paulus. Das sind auch die Menschen, die Gott so sehr liebt. Schäfchen, die vom richtigen Weg abkommen und wieder zu ihm zurückfinden. Er gehört keiner Religion an. Das ist nicht wichtig, solange man an Gott glaubt und in seinem Namen betet.

Ein Auszug von seiner Homepage:

Liebe Gebetsarmee, liebe Freunde,

am ersten Wochenende im August wird sich die prophetische Gebetsarmee wieder für drei Tage versammeln, um von Gott zu empfangen und Zeiten des Gebets zu haben. Gerade jetzt ist es Zeit, dass wir aufstehen und Verantwortung für unser Land übernehmen.

Gericht Gottes

Als ich spät am Abend des 14. Juli nicht schlafen konnte, habe ich noch einmal Nachrichten geschaut. Da kamen gerade diese Bilder von Nizza, wo ein fanatischer Islamist mit einem Lkw in die Menge gefahren war und über zwei Kilometer hinweg Männer, Frauen, Kinder, Alte überfahren hat, voller Hass. Ich sah die Bilder, die Leichen, die auf der Straße lagen, und viele, viele Schwerverletzte – über 80 unschuldige Menschen starben.

Als ich die Bilder anschaute und einfach nur Mitleid mit den Opfern empfand, kamen auch in mir drin ganz starke negative Gefühle auf gegen einen Menschen, der so etwas macht, gegen Islamisten, gegen Moslems, gegen Araber. Ich hatte Mühe, diese Gefühle zu unterdrücken. Dann sprach der Heilige Geist zu mir: „Pierrot, wir kämpfen nicht gegen Fleisch und Blut, sondern gegen Mächte der Finsternis, gegen Gewalten, die diese ganze Himmelswelt kontrollieren."

Als er so zu mir sprach, war ich sofort total im Geist und hatte plötzlich eine Vision eines riesengroßen Geistes, der von einer riesigen Wolke aus dem Süden kam und sich über ganz Europa ausbreitete. Da wusste ich: Das ist der Geist, der hier ist, um viel Unheil über Europa zu bringen. Mir wurde klar, dass jene Menschen, die das umsetzen, nur Marionetten dieses Geistes sind. Ich fragte den Herrn, warum er das zulässt. Der Heilige Geist antwortete mir: „Dieser Geist hat verlangt, Gericht auszuüben über Europa aufgrund von dessen Gottlosigkeit und Sünde, und der Herr hat ihm die Genehmigung gegeben, das zu tun."

Ich erinnerte mich, dass ich vor mehr als zehn oder zwölf Jahren eine Woche Urlaub in der Gegend von Nizza gemacht hatte. Schon damals spürte ich eine Riesenbedrückung in der unsichtbaren Welt. Es war so ein Kampf in mir, sodass der Urlaub nicht unbedingt ein guter Urlaub gewesen war. Der Herr zeigte mir damals, dass dort die Gegend war, wo das Gericht anfangen würde, wo schreckliche Sachen geschehen und sich mehr und mehr ausbreiten würden, wenn nicht genug Beter aufstünden. Ich fragte den Herrn, was wir machen könnten. Er antwortete mir, dass es wichtig sei, dass zuerst seine Kinder aufstehen und um Gnade und Autorität im Geist bitten sollen sowie um Erweckung und darum, dass viele Engel kommen und sich an die wichtigen Plätze in unserem Land stellen.

Es wird eine Zeit kommen, wenn Leute zu Gott schreien werden (insbesondere auch Christen), die sich bisher nur um sich selbst gekümmert haben, glücklich vor sich hin gelebt sowie Wohlstand gesucht haben und nun plötzlich merken, dass die Gefahr und die geistlichen Kräfte ganz stark übers Land kommen. Es wird eine mächtige Bewegung geben von Leuten, die anfangen werden, zu Gott zu schreien und für die Rückkehr zu Gott zu beten. Das wird das Gericht verhindern. Es ist wichtig, dass Menschen, die einen prophetischen Geist haben, die den Heiligen Geist haben, anfangen, die Zeit zu erkennen, zu beten und von Gott Strategien zu bekommen, wie man betet.

Es ist Zeit, aufzustehen. Es geht nicht um unser Wohlergehen, sondern es geht ums Reich Gottes. Übernimm die Verantwortung für dein Land!

Es brennt

Ich dachte nicht, dass es so schnell weitergehen würde, als ich vor ein paar Tagen den Artikel *Gericht Gottes* für die Gebetsarmee geschrieben habe. Zwei Tage nach dem Anschlag in Nizza gab es plötzlich diesen Umsturz in Istanbul in der Türkei. Geplant oder nicht geplant, ich glaube, dass es nichts mit dem Plan Gottes zu tun hatte, was da geschah, sondern mit den Plänen des Feindes.

Und dann plötzlich in Deutschland ein junger Mann, ein Einwanderer muslimischer Herkunft. Man weiß heute noch nicht so genau, aus welchem Land er eigentlich kam. Er hat unseren Staat belogen und betrogen. Dieser geistliche Virus infizierte ihn ganz schnell und entwickelte sich in ihm. Auf einmal wurde er zu einem fanatischen Mörder. Voller Hass auf die in seinen Augen „Ungläubigen" und auf Deutschland brachte er wahllos Menschen um. Dieser Geist, der gerade im Kommen ist, kann ganz schnell die Gedanken von Menschen verwirren und seine Pläne in den Kopf von Menschen und fanatischen Moslems setzen. Plötzlich werden sie eine Gefahr für jedes Land.

Es brennt. Deshalb ist es Zeit, aufzustehen. Es ist Zeit, dass Christen aufhören, sich nur um sich selbst und ihr Wohlergehen zu kümmern. Es ist Zeit, die Pläne Gottes aufzurufen und sie freizusetzen sowie die Pläne des Feindes zu zerstören.

Sei herzlich willkommen zu unserer nächsten Gebetsschule und du wirst in diesen Tagen erleben, wie Gott sprechen wird. Wir werden starke Gebetszeiten haben. Aus Liebe für Jesus, aus Liebe für sein Reich und aus Liebe für dein Land.

Anmeldung:

http://www.dietaube.org/index.php?pageid=071074

Wir werden einen starken Heilungsgottesdienst haben. Er ist offen für alle! Sie dürfen Kranke und Ungläubige mitbringen.

Ich freue mich auf euch!

Euer Pierrot

Dieser Beitrag hat mich sehr fasziniert, weil auch mein Engel mir bei seiner Durchsage mitteilte, wie wichtig die Liebe und das Gebet ist! Es handelt sich dabei nicht nur um die Liebe zum Partner oder zur Familie. Nein, es handelt sich generell dabei um die Nächstenliebe. Es sind nicht die großen Dinge, die Gott schätzt, sondern die kleinen, die kostenlos sind. Ein Lächeln. Ein aufmunterndes Gespräch, ein Wort der Hoffnung, eine nette Geste, ein kleines Geschenk! Ich fahre sehr viel mit dem Zug. Und ich habe festgestellt, dass sich das ganze Leben verändert hat, seit Computer, iPhone und Laptop unser Leben regieren. Früher, noch vor 15 Jahren, hat man sich mit den Reisenden im Abteil unterhalten. Fragte, woher sie kommen und wohin sie reisen. Man tauschte auch Adressen und Rufnummern aus. Leider kann man das in der heutigen Zeit nicht mehr. Alle starren in ihr Gerät und nehmen den anderen nicht mehr wahr. Die wunderschöne Natur schaut man sich gar nicht mehr an. Es macht mich oft sehr traurig. Das Desinteresse am Nächsten. Wir sollen Liebe verbreiten und sind nicht mehr fähig, richtig zu lieben, und wir sprechen auch nicht mehr miteinander. Auch ich benutze Computer und iPhone. Aber ich versuche, mich auf ein paar Stunden damit zu beschränken und sie wenn möglich nur zu Hause zu nutzen. Man findet mich auch nicht auf Facebook und anderen Foren. Ich möchte niemandem die Möglichkeit geben, mich zu mobben. Denn der größte Schmerz wird über diese Foren anonym verbreitet. Ebenso die Kriminalität. Während die Menschen Fotos vom Urlaub posten, wird zu Hause bereits die Wohnung ausgeräumt. Durch diese Art der Kommunikation kam auch die derzeitige Völkerwanderung zustande.

Pierrot berichtet von Nizza und dass er sich dort unwohl fühlte. Mir ging es ebenso. Vor vielen Jahren verbrachte ich dort mit meinem damals zweijährigen Sohn den Urlaub. Als ich mit ihm in ein Restaurant am Strand wollte, um etwas zu essen, wurde ich bereits an der Türe abgewiesen mit der Begründung: Kinder haben bei uns keinen Zutritt! Ich ging dann zum Italiener um die Ecke und dort waren wir sehr gut aufgehoben und willkommen. Es hat mich aber sehr erschreckt, denn Franzosen sind bekannt als kinderliebe Nation. Aber scheinbar nicht in Nizza.

Dieses Buch von mir ist so anders als die vorhergehenden Bücher. Es handelt von der Natur, vom Erhalt der Gesundheit, von der Achtung der Natur und der Tierwelt! Von Kriminalität und Atomkraft. Man hat mir Dinge übermittelt, über die ich so gar nicht schreiben wollte. Ich dachte, was werden die Menschen denken, die dieses Buch lesen? Wird man über mich schimpfen, mir Probleme bereiten? Aber immer wieder sagte man mir, Marlene, auf Gott und auf die Engel ist Verlass! Ruft uns, wir sind für euch da! Betet! Glaubt an uns! Und nun las ich bei Pierrot den gleichen Satz, ohne den Bericht vorher gelesen zu haben, denn dieser kam durch Zufall zu mir. Da war das Buch fast zu Ende geschrieben! Da steht doch tatsächlich in seinem Text: Ruft die Engel, damit sie sich an die wichtigsten Plätze unseres Landes stellen, um uns zu schützen. Genau darum habe ich immer gebetet! Lieber Gott, schick uns deine Engel, die unser Land und Europa beschützen! Wir werden von etwas überrollt, was wir scheinbar nicht mehr stoppen können. Oder manche Menschen nicht stoppen möchten. Da vermischt sich gerade Not mit Kriminalität. Wir müssen das Gute schützen, aber das Böse dürfen wir nicht tolerieren. Das ist auch der Gedanke Gottes und der Engel!

Der 7. Todestag meiner Mama

In den Büchern „Seid nicht traurig, wir leben weiter", „Das Jenseits ist kein Ort zum Schlafen" und „Meine Mama lebt" habe ich geschrieben, wie sich mir meine Mama nach ihrem Tod gezeigt hat und welche Erlebnisse ich mit ihr hatte. Trotzdem bin ich jedes Jahr am 9. Juni, ihrem Todestag, sehr traurig. So auch heute. Man kann noch so viele Erlebnisse mit den Verstorbenen haben und auch wenn man sie sehen darf, tut der Entzug des geliebten Menschen aus dem Leben furchtbar weh. Man kann nicht spontan anrufen und mit ihr reden. Täglich habe ich mit meiner Mama telefoniert. Tage und Wochen nach ihrem Tod wählte ich noch immer versehentlich ihre Nummer. Ich kann meine Mama nicht mehr in den Arm nehmen wie früher. Wir waren uns immer sehr nah, auch während ihrer Krankheit. Und ich habe meine Mama über alles geliebt. Sie war und ist noch immer die wichtigste Person in meinem Leben. Heute, nach ihrem Tod, muss ich auf die Zeichen warten, die sie mir schickt. Es sind wunderschöne Zeichen, aber trotzdem wird sie mir immer fehlen. Deshalb kann ich jeden Menschen verstehen, der sagt, ich komme über den Tod des geliebten Menschen nicht hinweg. Der Schmerz wird zwar ein bisschen weniger, aber den geliebten Menschen, der auf die andere Seite gegangen ist, kann man nicht aus seinem Kopf und seinem Herzen vertreiben. Das sollen wir auch nicht! Ich zünde jedes Mal an ihrem Engelsgeburtstag – an ihrem Todestag – eine Kerze an. Wie auch in diesem Jahr.

Ich legte mich auf die Couch und redete so vor mich hin. Erzählte meiner Mama, wie sehr sie mir fehlt und wie einsam ich ohne sie bin. Dann spürte ich, wie mir jemand über den Kopf streichelte. Ich sagte: „Mama, bist du es?“ Als ich das sagte, konnte ich sehen, wie sich die Wedel meiner Palme bewegten, als würde die Pflanze in einem Sturm stehen. Aber alle Fenster, Türen und sogar die Rollläden waren geschlossen. Nirgendwoher kam ein Luftzug. Meine Katze schaute ganz angespannt und ihr Blick ging immer von links nach rechts. Als das Streicheln aufhörte, beruhigte sich auch meine Palme wieder. Meine Mama ging wieder zurück. Ich spüre sie sehr oft an meiner Seite. Sie sagte zu mir nach ihrem Tod: „Du musst mich nur rufen und ich bin für dich da! Ich kann alles hören, was du zu mir sagst und was du mich fragst.“ Meine Liebe zu ihr ist immer in meinem Herzen. Und dieses Band der Liebe wird niemals durchtrennt werden. Denn wahre Liebe kann man nicht zerstören. Diese Liebe bleibt immer bestehen, auch über den Tod hinaus.

Gestern rief mich eine Dame an, die ihren Mann verloren hatte. Sie weinte am Telefon. Ich sagte zu ihr, ich würde sie so gerne in den Arm nehmen. Wir unterhielten uns länger und sie sagte: „Mein Mann ist morgen ein Jahr tot und ich komme nicht darüber hinweg!“ Seit er tot sei, fühle sie sich krank und habe das Gefühl, dass sie auch nicht mehr gesund werde. Wenn die Seele krank ist, wird auch der Körper krank. Ich sagte zu ihr: „Sie tun Ihrem Mann keinen Gefallen, wenn

Sie ständig trauern, denn er spürt Ihren Schmerz. Sie müssen damit aufhören und unbedingt unter Menschen gehen. Denn es ist nicht sein Wille, dass Sie so unglücklich zurückbleiben!“ Sie solle sich Menschen anschließen oder anderen Menschen als ehrenamtliche Helferin zur Seite stehen. Sie solle eine Busreise buchen, auf der sie mit anderen Menschen zusammenkommt. Aber auf keinen Fall alleine verreisen und auf keinen Fall an einen Ort, an dem zu viele Erinnerungen aus der Vergangenheit haften. Ich sagte zu ihr: „Sie haben noch eine Aufgabe zu erfüllen, denn sonst wären Sie nicht mehr auf dieser Welt! Wir müssen uns auf unsere Aufgaben auf dieser Welt besinnen. Während der Trauer sind wir eigentlich nicht mehr in der Lage, unserer Aufgabe nachzugehen. Deshalb kann ich Sie nur bitten, werden Sie wieder glücklich. Denn das ist genau das, was unsere Verstorbenen sich für uns wünschen!“

Die Macht der Liebe kann nicht nur Menschen glücklich machen, sondern auch heilen. Man soll dankbar sein für die Zeit, die man mit einem Menschen verbringen durfte. Die Liebe beginnt bei den Eltern und Geschwistern. Dann beim Partner, den Kindern und Enkeln. Eine unglückliche Kindheit oder Partnerschaft kann ein ganzes Leben zum Negativen verändern und krank machen. Deshalb sollten wir uns alle anstrengen, diese Liebe, die in uns allen ist, mit anderen Menschen zu teilen. Zur Liebe gehört auch Ehrlichkeit. Sagen Sie, was Sie denken. Aber reden Sie. Denn Familien, in denen nicht mehr geredet wird, sind schon zum Scheitern verurteilt. Sprechen Sie mit dem Menschen, den Sie lieben. Wenn man die Gefühle des anderen erahnen muss, kann man nichts verändern.

Am Schönsten und Warmherzigsten ist die Seelenliebe. Man fühlt, wie der andere fühlt, und versteht sich ohne Worte. Man ist glücklich, wenn der andere glücklich ist. Diese Liebe ist bedingungslos. Die Seelenliebe ist etwas ganz Besonderes. Diese Form der Liebe kennt keine Eifersucht und keinen Neid, vor allem ist diese Art der Liebe nicht besitzergreifend.

Bericht von Marita Zacharias

Noch vor einigen Jahren glaubte ich nicht, dass ich einmal so ein großes Bedürfnis haben werde, Engelbilder zu malen. Ich malte schon als Kind mit großer Leidenschaft. Das Malen und das Zusammenspiel von Farben hatte immer schon eine magische Anziehungskraft auf mich. Inspirationsquellen waren dann später vor allem meine Fern- und Studienreisen, bei denen ich entdeckte, dass Kunst und Spiritualität untrennbar miteinander verbunden sind. Vor allem meine Reise nach Indien und die Menschen, denen ich auf dieser Reise begegnet bin, haben mein Weltbild total verändert. Ein Nadi-Reader gab mir einen Einblick in meine Akasha-Chronik, die universelle Datenbank. Ich erfuhr, dass jeder Mensch mit einem ganz bestimmten Lebensplan auf die Welt kommt und es gilt, diesen zu erkennen und zu verwirklichen. Mir wurde gesagt, dass mein Lebensplan ist, Malerin zu sein, und ich mein Wissen weitergeben solle. Mein Leben hatte sich auf einmal mit einer wohltuenden Sinnhaftigkeit erfüllt und ich begann, mich intensiv mit der geistigen Welt zu beschäftigen. Ich erkannte, dass der Tod nicht wirklich das Ende ist und es ein Leben nach dem Tod gibt. So fand ich langsam den Weg zu Gott. Ich spürte auch, dass das Malen eine positive und heilfördernde Wirkung auf mich hat. Ich kam körperlich und geistig ins Gleichgewicht. Plötzlich begann ich mich als Teil eines universellen Ganzen zu sehen und fühlte von dieser Zeit an immer stärker geistige Energien, die durch mich hindurchfließen und sich dann in Bildern manifestieren. Ich sah in meiner Fantasie und in meinen Träumen schöne Wesen, meistens waren es Engel. Es war wie ein Blick in die geistige Welt mit viel Licht. Manchmal konnte ich sogar ein wenig die Gesichter erkennen. Als ich dann mein erstes Engelbild mit Pastellfarben malte, spürte ich, wie meine Hand wie durch Zauberkraft geführt wurde. In kurzer Zeit entstand ein Gemälde, das ich „Engel der Liebe" nannte, und jeder sagte, dass dieser Engel wirklich echte, bedingungslose Liebe ausstrahlen würde. Von diesem Tag an war es für mich ein inneres Bedürfnis, meine Gedanken in spirituellen Bildern auszudrücken. Da mir inzwischen auch bewusst geworden war, dass es keine Zufälle im Leben gibt, und ich schon immer eine Vorliebe für die figürliche Malerei hatte, erkannte ich, dass ich Engelbilder einfach malen muss. Ich möchte den Menschen damit Kraft und Trost geben oder einfach nur Freude und Zuversicht verbreiten. Wichtig ist es für mich auch geworden, mit meinen Bildern auf das Wunder der Schöpfung und den Respekt zu unserer Mutter Erde hinzuweisen. Auch den Menschen im Einklang mit der Natur möchte ich zeigen, dass der weibliche Aspekt des Lebens in dieser kritischen Zeit des Wandels wieder mehr geachtet werden sollte.

Was ist die Akasha-Chronik?

Die Akasha-Chronik ist das Weltengedächtnis. In der Überlieferung des Alten und des Neuen Testaments wird bereits mehrfach von dem Buch des Lebens geschrieben. Gott hat über uns alle ein spirituelles Buch geschrieben. Und seitdem folgt die Seele ihrer Bestimmung. Es ist das Buch der Wahrheit, vor der wir uns nicht verstecken können. Alles ist vermerkt. Jeder Tag, jede Woche, jeder Monat unseres Lebens. Leben für Leben steht in diesem Buch. Kein Wort verhallt ungehört, kein Gedanke verschwindet im Nichts. Und die Taten jedes Menschen sind in den heiligen Hallen für immer gut aufgehoben und werden von den Engeln bewacht. Dieses Buch kennt unsere Vergangenheit, unsere Gegenwart und unsere Zukunft. In diesen Büchern ist die ganze Weltgeschichte enthalten. Das Gute wie das Böse. Kriege und Frieden. Hass, Neid und Leid. Auch das sinnlose Kriegsgemetzel. Wir sollen alle den Weg der bedingungslosen Liebe gehen. Auch die Nationen.

Es ist ein Geschenk Gottes, dass unsere Namen im Himmel in einem Weltenbuch geschrieben stehen. Gott kennt uns alle und er wird uns niemals vergessen! Niemand kann und wird uns aus dem Buch des Lebens streichen. Die Seele folgt ihrer Bestimmung. Es ist die Reise zum Ursprung. Wo die Menschen nach dem Licht und der Erkenntnis suchen. Wie schon geschrieben, gibt es Menschen, die in der Akasha-Chronik lesen können. Aber nicht alle haben die Gabe, sie richtig zu deuten. Die Akasha-Chronik gehört zu den wichtigsten Büchern der Welt.

Ich durfte mehrmals einen Blick in die Bibliothek Gottes werfen. Diesen Moment werde ich niemals vergessen. Mein Schutzgeist holte mich ab und nahm mich mit auf die andere Seite. (Solange die Silberschnur nicht durchtrennt wird, kommt man wieder wohlbehalten zurück.) Ich kam in eine riesengroße Halle. Alles war hell und strahlte. Es war ein Gebäude ganz in Weiß mit vielen Säulen und viel Marmor. Mein Schutzgeist sagte: „Marlene, schau dir unsere Bibliothek an. Da stehen alle Bücher, die jemals auf dieser Welt geschrieben wurden. Auch deine Bücher stehen hier. Man kann sie einsehen und ausleihen. Aber in unseren Büchern steht die Wahrheit. Nicht wie in den meisten weltlichen und geschichtlichen Bücher, die zum Wohle der Politiker oder der Nationen abgeändert wurden. Es gibt so viele Bücher, die weit von der Wahrheit entfernt sind!"

Ich musste an die Worte meines verstorbenen Freundes Franzi denken, der mir einmal durch ein Medium sagte: „Marlene, hätte ich deine Bücher früher gelesen, hätte ich mir niemals das Leben genommen." Ich fragte mich immer, woher er von meinen Büchern wusste. Bis zu dem Tag, wo ich mich wieder an die Worte meines Schutzgeistes erinnerte. Bücher werden im Himmel geschrieben und jeder auf der anderen Seite kann sie lesen! Bereits mehrmals durfte ich auf die andere Seite. Ich habe in meinen anderen Büchern bereits darüber berichtet. Gute Menschen haben nichts zu befürchten. Allerdings rate ich jedem Menschen, sich bereits zu Lebzeiten von Süchten zu befreien. Wie ich sehen durfte, nehmen wir diese Süchte mit auf die andere Seite. Und dort fällt es uns sehr schwer, uns davon zu befreien. Manche Seelen werden bald wiedergeboren, um in einem neuen Leben gegen diese Süchte anzukämpfen.

Sitzung bei John Olford

Dieser Text ist dem Buch **„Das Jenseits ist kein Ort zum Schlafen!“** entnommen.

Am 07.07.2010 hatte ich einen Termin bei dem Medium John Olford in der Nähe von Augsburg. Natürlich wollte ich, dass John mit meiner Mama Kontakt aufnimmt, aber meine Mama kam nicht. Aber ihr Lebensgefährte kam und berichtete mir über sie. So erfuhr ich doch alles, was ich wissen wollte. Auch im Jenseits gibt es Regeln, genau wie auf Erden. Auch auf der anderen Seite gibt es ein Weiterleben in Liebe und dazu gehören auch Arbeit und Verpflichtungen.

Bereits sechs Monate nach ihrem Tod versuchte ich mit meiner Mama über Telefon Kontakt aufzunehmen, das Medium hieß Gitti Tack. Diese sagte am Telefon zu mir, dass sie mit meiner Mama noch keinen Kontakt aufnehmen könne, da diese noch nicht lange verstorben sei. Gittis Schutzgeist, über den sie mit Verstorbenen kommunizierte, sagte: „Marlene, deine Mama ist noch auf einer Art Pflegestation. Da kommen Menschen nach ihrem Tod hin, wenn sie lange krank waren. Man päppelt sie dort wieder auf.“ Das Gleiche hatte mir auch der bereits verstorbene Lebensgefährte meiner Mama bei John Olford bestätigt.

Die Sitzung vom 07.07.2010 bei John habe ich von der Kassette, die man erhält, abgeschrieben. Zuerst wird gebetet und man bittet darum, dass positive Jenseitige kommen werden. Aber man kann sie nicht zwingen. Alles ist freiwillig.

John sagte: „Marlene, hier ist ein jüngerer Mann aus dem Jenseits. Er ist heute gekommen um mit dir Kontakt aufzunehmen. Er ist schon länger im Jenseits. Aber er ist noch nicht sehr alt, circa 50 Jahre. Er macht auf mich einen sehr traurigen Eindruck. Du denkst gerade an jemanden, er meint du hast viel für ihn getan. Es war kein Geld, das du ihm gegeben hast, sondern mental gabst du ihm sehr viel und er schuldet dir etwas. Aber du weißt, wer er ist. Er sagte, zu Lebzeiten hat er dir nur sehr wenig Anerkennung gegeben. Aber er hat dich sehr gut gekannt. Er mag dich auch sehr. Er fühlte sich zu Lebzeiten geistig am Ende. Das heißt aber nicht, dass es ihm jetzt im Jenseits schlecht geht. Nein, im Gegenteil, nun geht es ihm gut. Er versucht sich zu beschreiben, damit du ihn wiedererkennst. Er hat kurzes, dunkles Haar. Zu Lebzeiten wusste er nicht, was er wollte. Es war, als hätte er in der letzten Lebenshälfte keine Kraft mehr gehabt. Sein Leben war ziellos und er wusste nicht mehr, wozu er leben sollte und warum er auf der Erde war. Du hast versucht, ihm zu erklären, dass sein Leben doch sinnvoll ist. Aber er hat sich von dir nicht überzeugen lassen. Kannst du das verstehen? Er hat auch gegen Ende seines Lebens gerne etwas, ja viel zu viel getrunken. Nun zeigt er mir eine Schusswaffe! Kannst du das verstehen?“

Ich verstand es nur zu gut, denn er hat sich das Leben genommen, weil er Krebs hatte. Er hatte Lungenkrebs und dieser hatte gestreut, er war sehr krank und ohne Hoffnung.

„Er sagt, ja, er hat sich mit einer Waffe das Leben genommen. Er sagt, wenn er zu Lebzeiten gewusst oder geahnt hätte, was du jetzt weißt, wäre es auch bei ihm anders ausgegangen. Aber er sagt, er hat die Welt nicht mehr verstanden. Als sei seine Welt um ihn herum eingestürzt. Als hätte man ihm den Boden unter den Füßen weggezogen. Er konnte sein Leben nicht mehr ertragen. Er fühlte sich aber auch sehr krank, denn er hatte unheilbar Krebs. Sein Sterben ging sehr langsam vonstatten. Es war eine einzige Quälerei für ihn, deshalb griff er zur Waffe. Er wollte nicht mehr leiden. Er hat sich im Jenseits über deine Bücher schlaugemacht. Er ist der Meinung, wenn er solche Bücher zu Lebzeiten gelesen hätte, wäre es ihm nie in den Sinn gekommen, sich zu erschießen. Es hätte ihm geholfen, zu begreifen, dass alles, was im Leben eines Menschen passiert, einen Sinn hat. Auch dann, wenn man von schweren Krankheiten heimgesucht wird. Es sind Lernaufgaben für jeden Einzelnen von uns. Er weiß nun im Nachhinein, dass seine schwere Krankheit keine Strafe war, sondern ein Lernprozess. Er hat es leider nicht verstanden und fragt sich immer wieder, warum er bestraft wurde, wo er doch nie jemandem etwas Schlimmes getan hatte.“

John sagte zu mir, Jo ist auch hier. John fragte mich, ob ich einen Jo kenne.

Zuerst konnte ich mit dem Namen nichts anfangen und sagte Nein. Als ich aber zu Hause war, wusste ich, dass sein Freund Jo hieß, aus Belgien kam und mit meiner Freundin befreundet war. Aber wenn man nicht weiß, dass ein Mensch auf der anderen Seite ist, kann man zuerst mit den Namen nichts anfangen.

„Zu Lebzeiten war dein Freund sehr fit und sportlich, war auch ein überaus lustiger Mensch. Er hat sich auch immer an sehr vielen Dingen erfreut und hat viele Dinge unternommen. Er wollte nie sinnlos herumsitzen, sondern immer etwas tun. Er war ein überaus gut aussehender Mann. Diese Krankheit war, als hätte man ihm die Luft zum Atmen genommen. Von Anfang an hatte er gewusst, dass er eine sehr ernsthafte Krankheit hatte und es kein Entkommen gibt. Er konnte auch mit der schlimmen Krankheit nicht umgehen."

Was John nicht wusste: Franzi hatte Lungenkrebs. Auch ich hatte damals sehr viel geraucht. Wir waren eine Generation, der man die Zigaretten noch als etwas Gutes verkauft hatte. Wir wussten damals nicht, was man heute weiß. Ich konnte mich aber dann von den Zigaretten lossagen. Ich kann den Menschen, die meine Bücher lesen, nur raten: Versucht euch von dieser Sucht zu befreien. Denn Rauchen kann man sich mit viel Willenskraft abgewöhnen und Zigaretten rauben euch die Lebensqualität. Bittet euren Engel, euch zu helfen.

„Dein Freund sagt, du schreibst viel! Und du sollst wissen, es ist wichtig für die Menschen, was du schreibst. Du bietest den Menschen in deinen Büchern Hoffnung an. Und ich weiß nun, besser denn je, ein Leben ohne Hoffnung ist nicht lebenswert. Du machst den Menschen Mut. Schade, dass ich, als ich noch auf der Erde war, solche Bücher nicht lesen konnte. In meinem Umfeld gab es keine."

Mir kamen die Tränen, denn genau diese Frage habe ich mir gestellt, bevor ich zu John ging. Ich bat um eine Antwort von den Jenseitigen, ob meine Bücher überhaupt gut für die Menschen sind, wo es doch so viele Menschen gibt, die an so etwas nicht glauben. Da bekam ich nun die Antwort auf meine Frage.

„Marlene, du hast mir eben gesagt, dass dein Freund in Südafrika Koch war und ein eigenes Restaurant und später ein eigenes Hotel hatte. Nun sagt er mir, er war aber ein besonders guter Koch. Er hat immer nur mit frischen Produkten und Kräutern gekocht. Alles wurde frisch zubereitet."

John fragte ihn, ob er das auf der anderen Seite noch immer macht, für andere kochen? Die Antwort lautete: „Unter anderem koche ich noch immer. Ich hole noch immer frische Kräuter in unserem jenseitigen Kräutergarten. Hier kann man auch mit den Pflanzen kommunizieren und sie auch gleich fragen, für was sie gut sind. Wenn es sich für euch auf der Erde auch komisch anhört, aber sie antworten immer gleich. Du weißt, es hat mir immer sehr viel Freude gemacht zu kochen. Die lächelnden Gesichter der Menschen, wenn ich für sie gekocht habe und es ihnen geschmeckt hat, haben mich glücklich gemacht. Meistens sagten sie, wenn ich koche, sei es immer etwas Besonderes. Ich darf auch hier kochen, wenn ich es wünsche. Wir haben einen freien Willen. Wie du selbst weißt, muss man im Jenseits ja nichts essen. Aber die Neuankömmlinge haben am Anfang, wenn sie hier ankommen, noch immer Gelüste auf irdische Speisen. Es gibt auch Kochkurse im Jenseits. Auf jeden Fall kann ich auch im Jenseits Menschen mit gutem Essen immer noch glücklich machen. Ich schaue, dass sie mit meinem guten Essen nach langer Krankheit wieder zu Kräften kommen. Manche kommen im Jenseits an und sind sehr abgemagert und geschwächt. Deshalb darf ich für sie kochen, bis sie sich bewusst sind, wo sie sich hier befinden, und auch kein Essen mehr benötigen. Dann tröste ich sie auch und sage ihnen, sie sollen sich keine Gedanken und Sorgen mehr machen, denn hier bei uns geht es ihnen wieder gut. Meine Aufgabe ist es auch, ihnen alles Neue zu erklären.“

John fragte ihn, warum das erforderlich ist, denn wenn man im Jenseits ankommt, geht es ihnen doch sofort gut.

Franzi sagte: „Ja, es geht ihnen gut, aber es ist ihre Einstellung zu der neuen Situation. Einige verstehen es noch nicht, man muss ihnen alles erst einmal erklären. Besonders nach langer Krankheit ist ihr Körper, auch der Seelenkörper, noch immer etwas schwach. Oft denken sie, wenn sie hier ankommen, dass es sich nicht lohnt, sich anzustrengen, denn sie hatten ja keine Kraft. Sie sind noch viel zu sehr mit irdischen Gefühlen und Gedanken behaftet. Das ändert sich erst mit der Zeit. Ich arbeite in so etwas Ähnlichem wie in einem Kurhotel, wie man auf Erden sagen würde, wo man Menschen betreut, damit es ihnen anschließend wieder besser geht. Da sind nicht die Menschen, die an einer Hungersnot verstorben sind. Diese könnten mit meinen Gerichten nichts anfangen, nachdem sie vorher nur Reis oder Haferbrei gegessen haben. Diese kommen an einen anderen Ort, denn sie würden sich in einem Kurhotel nicht wohlfühlen."

John sagte: „Marlene, als du von seinem Ableben gehört hast, hast du für ihn gebetet."

Das ist richtig, sagte ich, denn ich habe sofort nach seinem Tod seine Nähe gespürt. Ich hatte ganz plötzlich Dinge erlebt, die ich niemals zuvor erlebt hatte. Ich beschrieb alles in meinen anderen Büchern. Ich nahm aufrichtige Anteilnahme an seinem Ableben. Ging in die Kirche, stellte Kerzen für ihn auf und betete sehr viel für seine Seele. Ich habe auch sehr viel mit ihm gesprochen. Habe ihm auch sehr viel erklärt. Ich wusste, dass er verstorben war, obwohl es mir niemand gesagt hatte.

„Er möchte sich deshalb auch bei dir bedanken, es kam alles bei ihm an! In diesen Gebeten hast du ihm irgendwie eine Nachricht geschickt. Du sagtest, es würde ihm bald besser gehen. Als er im Jenseits ankam, befand er sich in einem Zustand, in dem er dachte, er sei in einem großen, tiefen Loch gefangen. Diese Gebete von dir kamen zu ihm und haben ihm wieder Hoffnung gegeben, sagt er mir. Er hat sich umgeschaut und gesagt, vielleicht gibt es tatsächlich einen Weg aus diesem großen, tiefen Loch und er fand daraufhin tatsächlich einen Weg ins Licht. Er hat sich dieses große Loch vor seinem Ableben auch selbst vorgestellt. Immer dachte er, nach meinem Ableben komme ich in ein großes, dunkles Loch und das war es dann für mich. Und sein Wunsch hatte sich dann am Anfang erfüllt. In diesem Loch ist er dann ja auch gelandet, es war sein Wunsch. Marlene, ich möchte dir noch einmal Danke sagen für alles. Er sagt auch, er liebt dich!"

Jedes Mal, wenn ich bei einem Medium war, sagte mein verstorbener Freund Danke für meine Gebete. Ich kann Ihnen nur eines weitergeben: Betet für eure Verstorbenen, verzeiht ihnen, auch wenn sie euch etwas Böses angetan haben. Wenn ihr ihnen vergebt, wird auch euch vergeben. Es ist ein wunderbares Geschenk, die Liebe zu anderen Menschen. Ob im Diesseits oder im Jenseits.

John sagte zu mir: „Kennst du einen Mann, der Trompete gespielt hat? Ich höre die Musik einer Trompete im Hintergrund."

Ich sagte ja, der Lebensgefährte meiner Mama spielte in einem Musikorchester beim Saarländischen Rundfunk und man nannte ihn Adi.

John fuhr fort: „Er sagt: ‚Marlene, der Tod bei deiner Mama war ein gleitender Übergang. Zuerst hat sie mich immer wieder besucht und dann sagte ich zu ihr, warum bleibst du denn nicht einfach hier bei uns? Sie erholt sich gut und ich besuche sie jeden Tag und ich schaue, wie es ihr geht. Sie macht gute Fortschritte und sie ist wieder bei Bewusstsein.‘ Er sagt mir, sie ist in so einer ähnlichen Einrichtung, die auf unserer Welt mit einem Kurhotel vergleichbar ist. Er hat gesagt, er kann sie besuchen und sie kann ihn besuchen. Das bedeutet, sie sind beide auf der gleichen Ebene. Ich habe ihn gefragt, ob deine Mutter sich selbst bei dir melden möchte, und er hat gesagt, er wird nachfragen, ob es möglich ist. Er sagt, die letzten zwei Monate hast du angefangen, in deinem Leben aufzuräumen. Du hast versucht, Dinge und Sachen in Ordnung zu bringen, kannst du das verstehen? Du wolltest deine ganze Situation in Ordnung bringen und das findet er sehr gut."

Das stimmt, ich habe mich von Menschen getrennt, wo ich das Gefühl hatte, egal was ich sage, sie nehmen keinen Rat an und glauben immer, sie sind die Ärmsten auf der Welt. Wenn ich ihnen sagte, dass man auch mal für Dinge dankbar sein muss, wurde nur noch mehr gejammert. Von diesen Menschen habe ich mich dis-

tanziert. Außerdem fing ich an, alle meine Schränke auszumisten. Habe alles verschenkt, was möglich war. Als alles weg war, fühlte ich mich befreit.

John sagte: „Ich habe ihn gefragt, warum deine Mutter so lange in dieser Kurklinik ist, da hat er gelacht und gesagt, weil es ihr gefällt."

Als er das sagte, dachte ich, typisch meine Mama, sie liebt Kurhotels.

„Er sagt, sie lässt es sich dort sehr gut gehen." John fragte, warum, und er sagte: „Warum denn nicht?" John fragte ihn: „Warum kannst du sie nur gelegentlich besuchen?" Da sagte er, solange sie da drinbleibt, gibt es einen gewissen Ablauf, an den man sich halten muss, ich muss mich anpassen. Es ist ähnlich wie auf der Erde, da kann man auch nicht in so Abläufe reinplatzen und stören. Da gibt es auch Besuchszeiten. Und wenn sie dort noch länger bleiben möchte, muss sie sich auch anpassen. Sie kann nicht herumsitzen und nichts tun und sie möchte unbedingt noch dortbleiben. „Er sagt, deiner Mama hat es doch immer gefallen, auf Händen getragen zu werden. Und sie fühlt sich da, wo sie im Moment ist, sehr wohl. Es gefällt ihr zu gut, um etwas anderes zu tun. Zu ihren Lebzeiten hast du es als deine Aufgabe betrachtet, sie zu tragen. Deshalb war es schwierig für dich, nach ihrem Ableben damit klarzukommen. Viele hätten gesagt, nun ist eine Last weg, aber nicht du, sondern du hattest dich so daran gewöhnt, nur für deine Mama da zu sein. Selbst noch ein Jahr nach ihrem Tod hat dir diese Last gefehlt und du suchtest nach einer anderen Last, die du wieder auf deine Schultern nehmen konntest. Aber Gott sei Dank hast du in den letzten Monaten deine Meinung geändert und sagst nun, das brauche ich nicht mehr. Das ist auch richtig so, du hattest genug auf deinen Schultern zu tragen. Er lacht und sagt: ‚Mach dir um deine Mama keine Sorgen, denn sie wird hier weiterhin getragen. Sie fühlt sich hier sehr wohl. Es ist aber lustig, denn wenn die Menschen hier im Kurhotel ankommen, dann wollen sie nach circa 3 bis 4 Monaten raus. Denn man fragt sie, was sie machen möchten, und sie dürfen ihre Wünsche äußern, welche neue Aufgabe sie im Jenseits übernehmen möchten. Nicht aber deine Mama, sie sagte, ich möchte gerne bleiben, denn es gefällt mir hier. Sie haben zu ihr gesagt, also gut, aber irgendwann musst auch du eine Aufgabe übernehmen. Sie bekommt dort Wasseranwendungen und auch anderweitig sehr viel Aufmerksamkeit, das liebt sie sehr.‘

Er sagt, für sehr lange Zeit warst du der Meinung, dass du deine Mama am Leben erhalten musst. Es war, als hättest du das zu deiner Lebensaufgabe gemacht. Er meint, es hatte schon mit deiner Lebensaufgabe zu tun, dennoch war es nicht der Grund für dich, zu leben, denn sonst wärst du kurz nach deiner Mama oder gemeinsam mit ihr gestorben. Es war ein Lernprozess, den du nun hinter dir hast. Durch das Ableben deiner Mama bist du von dieser Situation befreit, du bist jetzt dabei, alle Freundschaften und Beziehungen in deinem

Leben genau unter die Lupe zu nehmen und kritisch anzuschauen und du fragst dich, ob dir diese Freundschaften noch etwas bringen, ob sie dir dienen oder nur den anderen. Verstehst du das? Du sortierst nun Freundschaften und auch deine Beziehung aus. Bringt es mich weiter oder ist es nur Gewohnheit?“

Ich sagte, meine Mama war schon immer eine Prinzessin, die gerne verwöhnt wurde. Das mit der Last, die mir fehlte, ist richtig. Ich kam mir auf einmal sehr einsam und innerlich leer vor und suchte nach Ersatz. Meine Mama am Leben zu erhalten, war mein oberstes Ziel. Ich machte eine Heilpraktiker-Ausbildung, Akupunkturkurse und eine Ausbildung zur Heilerin. Ich wachte über alles, Medikamenteneinnahme, Essen, Bewegung. Meine Mama war manchmal furchtbar genervt über meine Fürsorge. Denn ich sagte immer, sie bewege sich zu wenig und trinke nicht genug. Es ist richtig, dass ich die Freundschaften in meinem Umfeld aussortiere, denn ich musste feststellen, dass ich mit 20 Anrufen und ebenso vielen E-Mails am Tag total überfordert war und keine Zeit mehr für mich selbst hatte. Ich versuchte allen zu helfen und gute Ratschläge zu geben. Aber für mich gab es nur ganz wenige Menschen, denen ich meine Sorgen anvertrauen konnte. Die meisten redeten nur immer von sich. Sie lehnten sich an mich wie an einen Felsen in der Brandung. Aber langsam hatte ich das Gefühl, der Fels fällt um, denn ich fühlte mich furchtbar ausgelaugt. Ich musste etwas tun, hatte aber auch ein schlechtes Gewissen dabei. Glaubte, die Menschen im Stich zu lassen.

Bis heute, als mir mein Stiefvater durch John sagen ließ:

„Marlene, mache dir keine Sorgen, denn nun entwickelst du endlich einen gesunden Egoismus. Die ganze Zeit, als deine Mutti noch am Leben war, hast du das unterdrückt und versucht, für sie da zu sein. Und du hast dich um alle anderen gekümmert, die an dich herantraten und pflegebedürftig waren. Jetzt erst merkst du, dass du auch einmal für dich da sein musst. Deshalb stehst du manchen Freundschaften sehr kritisch gegenüber. Das ist sehr gut! Weißt du warum? Das ist eine Liebeserklärung an dich selbst. Du sagst damit, ich liebe mich genauso wie alle anderen, für die ich immer da bin. Du sagst dir nun auf einmal, ich bin genauso wichtig wie alle anderen."

„Und das ist sehr positiv, sagt dein Stiefvater und er freut sich sehr darüber. Ich frage ihn, warum, und er antwortet, nun denkt sie, ich bin, wie ich bin! Entweder sie mögen mich so, anstatt zu denken, was wollen sie von mir, wie muss ich mich verhalten, damit sie mich mögen. Er sagt, du bist dabei, ein altes Lebensmuster abzulegen und dich davon zu befreien. Er ruft: Hurra! Auf jeden Fall freut er sich sehr, dass du in dieser Selbstentdeckungsphase bist.

Ich weiß ja, dass du gerne mit dem Fahrrad unterwegs bist, aber in letzter Zeit bist du lieber zu Fuß unterwegs, und zwar in der Natur. Du tust es, um deine Gedanken neu zu sortieren. Er sagt, das ist für dich wie eine Meditation und es tut dir gut. Du willst auch die Erde unter deinen Füßen spüren. Er sagt, du läufst auch gerne barfuß. Das bedeutet nicht, dass du keine Erdung hast. Es heißt, du kannst alles an Mutter Erde zurückgeben und auftanken. Du brauchst diese Erdnähe und die Verbindung zur Erde. Er sagt, Mutter Erde ist sehr wichtig für dich. Ihr Wohlergehen liegt dir sehr am Herzen. Du leidest sehr unter den Fehlern, die Menschen machen, und die Erde ausbeuten."

Das ist richtig! Mutter Erde ist sehr wichtig für mich. Der wunderbare Blaue Planet tut mir leid, wie er von vielen Menschen, die nur Profit im Kopf haben, zerstört wird. Mir tut mein Herz weh, wenn die Ozeane durch Erdöl verseucht werden. Wenn ich die Wasservögel mit schwarz verklebtem Gefieder sehe, möchte ich mich vor Schmerz übergeben. Ich versuche diesem Planeten, der so gut für uns sorgt, ein wenig Liebe zu geben. Das geht nur durch Berührung und gute, liebevolle Gedanken.

John sagte: „Ich habe ihn gefragt, ob es deiner Mutti gut geht, und er hat gesagt, du kennst doch deine Mutti und du weißt deshalb, sie lässt es sich überall gut gehen. Du musst dir keine Sorgen um sie machen. Er hat gesagt, sie war lange Zeit sehr krank, aber sie hat nicht lange gelitten. Und ihr Übergang auf die andere Seite war sehr friedlich.“

Leider war ich nicht dabei, obwohl ich bei ihr sein wollte. Es kam mir vor, als wenn man mich kurz vor ihrem Tod weggeschickt hätte, damit ich nicht dabei bin. Ich war furchtbar traurig, weil ich sie alleinließ beim Sterben. Sicher hätte sie mich gebraucht.

„Nein, sagt er, das wollte deine Mutter nicht, das hätte ihr das Sterben nur verschlimmert, wärst du an ihrer Seite gesessen und hättest um sie geweint.“

Ich sagte zu John, sie haben mir sogar eine Freundin aus Spanien geschickt, die mich in 30 Jahren noch nie besucht hatte. Sie kam an dem Tag, als meine Mama ins Krankenhaus eingeliefert wurde.

„Er sagt, egal, was man über die Mutti sagt, sie war immer der Meinung, dass du ohne sie im Leben nicht zurechtkommst. Deshalb blieb sie so lange, trotz ihrer schweren Krankheit. Sie meinte immer, ohne sie bist du nicht überlebensfähig, weil du so sanft bist. Sie war überzeugt, sie muss für dich hierbleiben.

Beim Sterben war sie ein wenig benebelt und dann durfte sie einschlafen. Sie pendelte wie im Koma vom Leben in den Tod, ohne Schmerzen und ohne Angst. Deine Mama hatte einen angenehmen Tod.“

John sagte zu Adi, ob er mir einen Rat geben könne. Er sagte mir: „Viele Leute in deiner Situation würden fragen, was habe in den letzten Jahren nicht gemacht, was kann ich jetzt nachholen. Aber er sagt, die Dinge, die vor 30 Jahren noch zeitgemäß waren, sind heute nicht mehr relevant. Es ist genauso mit den Aufgaben und Ergebnissen. Es ist viel vernünftiger zu sagen, einen Lebensabschnitt habe ich hinter mir und nun kommt etwas Neues. Du hast noch sehr viel vor dir, aber nicht nur Aufräumarbeit. Er zeigt mir ein neues Bild. Da sehe ich dich alleine an einem Fenster stehen mit dem Blick auf einen See gerichtet. Es ist ein ganz großer See. Es ist ein schöner Panoramablick, ein herrlicher Sonnenuntergang über einem See. Hat es etwas mit Urlaub oder Ferien zu tun?", fragte John. „Er überbringt mir in diesem Zusammenhang ein gutes Gefühl. Es ist ein Gefühl von Leichtigkeit und Freiheit für dich. Ich sehe dich alleine in einer schönen Wohnung am See. Du stehst da und sagst, hier habe ich endlich meine Ruhe.

Danach zeigt er mir ein Gefängnis, in dem du dich jetzt befindest. Er sagt, da lebst du freiwillig. Daraufhin zeigt er mir einen großen Schlüssel und sagt, den reiche ich dir, damit du dein selbst gewähltes Gefängnis verlassen kannst. Viele müssen da rein, weil sie etwas ausgefressen haben, aber du gehst freiwillig da hinein. Du musst dich davon befreien."

John fragt ihn, warum er das erwähnt. Er sagt, er wünscht mir ein Leben in Freiheit und nicht eingesperrt, wie ich es derzeit sei. „Er überreicht dir nun einen großen Schlüssel, die man früher in den großen

Schlössern hatte, für ein Verließ, und sagt, ich kann dir den Schlüssel geben, aber aufschließen musst du das Verließ selbst. Alles liegt einzig und allein bei dir.

Ich habe mir einige Jahre später den Schlüssel genommen und mich nach 30 Jahren Beziehung getrennt und aus meinem Gefängnis befreit. Mein Lebensgefährte wollte nicht, dass ich irgendetwas ohne ihn unternehme. Ich durfte ohne ihn nur zur Arbeit gehen. Ansonsten hatte ich das Haus nicht zu verlassen. Alles was er gesagt hatte entsprach der Realität.

Er sagt dir zum Abschied, dass sie dich alle sehr lieben, das sollst du niemals vergessen."

Ich hatte meine Kassette bei John Olford vergessen und bat ihn in einer E-Mail, mir diese zukommen zu lassen.

John schrieb:

Liebe Marlene,

vielen Dank für Deine E-Mail. Ja, Deine Audiokassette ist hier. Ich schicke sie Dir per Post zu. Vielen Dank für das Buch „Seid nicht traurig, wir leben weiter". Am nächsten Tag habe ich das Kapitel über Deine Sitzung mit mir vom Vorjahr gelesen. Ich war auch sehr überrascht, dass alle den Tod Deiner Mutter vorausgesagt haben, damit Du Dich darauf vorbereiten kannst, da dies ziemlich einmalig war. Aber Deine Erklärung war für mich stimmig, als Du in deinem Buch schriebst, die

Jenseitigen sagen in der Regel keinen Tod voraus.

Gleich danach habe ich meine neuen E-Mails gelesen und dabei war eine Nachricht von meinem Bruder, dass unsere Mutter unerwartet ins Krankenhaus gekommen war. Er meinte aber, ich sollte mir vorläufig keine Sorgen um sie machen. In den Tagen danach hat man Nierenversagen diagnostiziert und sie verabschiedete sich vom irdischen Leben, kurz nach Mitternacht in der Nacht von Freitag auf Samstag. Wie Du weißt, gibt es keine Zufälle im Leben, und es ist mir nun klar, warum ich das Kapitel deines Buches von Deiner Sitzung bei mir lesen sollte. Auch ich sollte besser auf den Tod meiner Mama vorbereitet sein! Danke!

Während der letzten Wochen spürte ich ständig die Nähe meines Vaters, er ist bereits länger im Jenseits. Es war intensiver und häufiger als sonst und während unseres medialen Übungszirkels am 29.06.2010 meldete er sich über eine unserer Teilnehmerinnen. Sie meinte, er stehe hinter mir, seine Hand liege auf meiner Schulter, um mir während dieser schwierigen Zeit mehr Kraft zu geben. Ich habe natürlich seine Hand auf meiner Schulter auch gespürt und dachte, es hat mit der Krankheit meiner Frau Tina zu tun. Jetzt weiß ich, was tatsächlich gemeint war. Ich könnte auch andere Ereignisse erwähnen, die mit dem Tod meiner Mutter zu tun gehabt haben, aber ich dachte, dies wäre für Dich von Interesse.

Liebe Grüße, John Olford

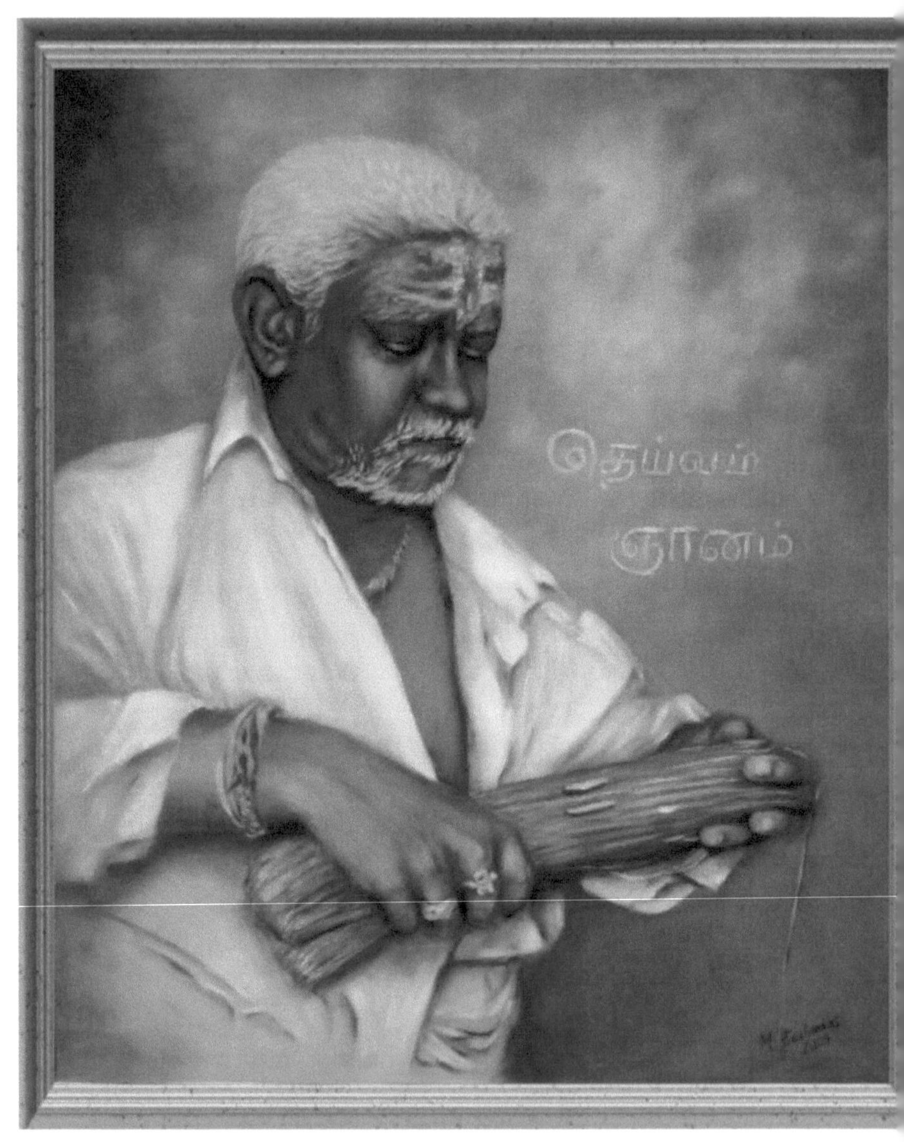

Nadi Reader gemalt von Marita Zacharias

Palmblattbibliotheken

Diese befinden sich hauptsächlich in Asien. Am zahlreichsten sind Palmblattbibliotheken in Indien vorhanden. Aber auch in Bali, Sri Lanka und Myanmar. Wie wir Gegenwart und Zukunft gestalten, liegt allein an uns Menschen. Für jeden geborenen Menschen liegt in der Bibliothek sein Palmblatt bereit. Auf diesem steht, was eintreten wird oder bereits eingetreten ist. Die Palmblätter sind sehr alt und werden immer wieder neu geschrieben. Schon sehr viele Menschen waren in Indien, um ihr Palmblatt einzusehen, und konnten die Richtigkeit der Aussagen ihres Palmblattes belegen. Die Dinge, die wir gedanklich in uns tragen, können geschehen, ob positiv oder negativ. Es wird einen Bewusstseinswandel bei den Menschen geben. Jeder Mensch muss für sich selbst die Verantwortung übernehmen. Und man darf nicht immer die Schuld bei anderen suchen. Man kann sogar lesen, wie man früher hieß und was man gemacht hat. Wann man geboren und gestorben ist. Es steht der Lebenslauf darin, der Besitz, die Schulbildung, der Armeedienst, Bestimmungen und was man im letzten Leben gemacht hat. Auch alles über die Familie und die Familienverhältnisse steht in den Palmblättern. Es gibt mehrere Bibliotheken, aber wie es so üblich ist, gibt es sehr gute und auch schlechte. Die meisten Palmblätter wurden als Codes geschrieben. Aber alles Wissen ist verzeichnet. Es sind Archive, um seinen Lebenslauf anzuschauen. Man benötigt nur den Namen, das Geburtsdatum oder den Daumenabdruck, um sein Palmblatt zu finden. Die Blätter stammen von der Stechpalme. Auf einem einzigen Blatt steht der ganze Lebenslauf. Und alles ist in vedischer Schrift geschrieben. Die heiligen Schriften Indiens, welche die Essenz des vedischen Wissens enthalten, werden auch Veda genannt. Veda bedeutet: Wissen, Heiliges Gesetz. Die Palmblätter stammen aus der Akasha-Chronik, dem Weltgedächtnis. Jedes Medium, jeder Channel hat Zugang zu der Akasha-Chronik.

Sollten Sie eine Reise dahin machen, informieren Sie sich vorher ganz genau. Oder machen Sie die Reise mit Thomas Ritter. Er bietet jährlich mehrere Reisen nach Indien an. Er sagt, dass die meisten seiner Mitreisenden immer begeistert von der Erfahrung waren. Lebenskrisen und Lernaufgaben werden dabei gemeistert. Es gab auch Hinweise auf Heilung. Beispielsweise fuhr ein Unternehmer mit ihm nach Indien. Man hatte ihm gesagt, dass er Magen-Darm-Krebs habe. Er bekam die Diagnose bereits 14 Tage vor Reiseantritt. Die Lösung des Problems würde in Bali liegen. Da gäbe es einen Heiler und da müsse er hin. Dieser würde ihn wieder gesund machen. Und tatsächlich, er hörte auf den Rat seines Palmblattes und wurde wieder gesund. So wurden auch bereits Ehebruch und andere Dinge aufgeklärt.

Für Europa wurde vorausgesagt: Extremer Zuzug fremder Kulturen. Das wird zu sozialen Unruhen führen und Probleme in der Gesellschaft auslösen. Es wird zu einem kompletten Wandel kommen. Der allerdings nicht immer friedlich verläuft. Es sind die Begleitumstände des Wandels. In großen Städten Deutschlands kommt es zu offener Gewalt. Es wird viele Anschläge geben in Europa und in den USA. Die Politiker werden ihren Bürgern immer mehr Lasten aufbürden. Die Kriminalität wird extrem ansteigen, so extrem, wie wir es niemals zuvor gekannt haben. Die Idee eines vereinten Europa kommt in Bedrängnis. Zwischen Fremden und Einheimischen kommt es zu extremer Gewalt und zu vielen Ausschreitungen. Das ganze Rechtssystem wird infrage gestellt, denn die Menschen spüren, dass Recht und Gerechtigkeit weit auseinanderklaffen. Die Bauern werden wegen falscher Politik verarmen. Der Euro kommt in starke Bedrängnis.

Ich möchte Ihnen keine Angst machen, aber genau das Gleiche haben meine Freundin und ich bereits vor einem Jahr vorhergesagt, als die Menschen so unkontrolliert in unser Land strömen durften. Die Worte von Frau Merkel „Wir schaffen das!" werden uns noch lange beschäftigen und Dinge zutage bringen, an die wir niemals gedacht hätten. Dieser Satz wird unsere Geschichtsbücher füllen und man wird sich fragen: Wie konnte eine studierte, intelligente Frau, die unserem Land dienen sollte, nur so eine dumme Entscheidung für ihr eigenes Volk treffen? Wir sind eine neue Generation und können nicht für die Fehler unserer Großväter zahlen. Außerdem möchte ich noch erwähnen, dass meine Familie unter Einsatz ihres eigenen Lebens Juden versteckt hat. Und Frau Merkel erzählt uns, wir sollen unsere Vergangenheit nicht vergessen. Ich fühle mich nicht schuldig! Und meine Familie ist auch nicht schuldig! Und die jetzige Generation ist auch frei von Schuld. Da gibt es ganz andere Länder, die sich noch immer schuldig machen und keine Asylanten aufnehmen. Im Gegenteil, durch sie wurde das Ganze begünstigt. Manche denken, man kann anderen Ländern ihre Lebensform diktieren. Das ist aber nicht möglich. Die Thematik, über die ich in diesem Buch schreibe, ist nicht einfach in Worte zu fassen. Und sollte ich jemandem mit meinen Worten nicht gerecht werden, bitte ich darum, mir dies zu verzeihen. Aber ich möchte für meine Kinder und Enkelkinder und alle Menschen ein friedliches und glückliches Europa und eine friedliche Welt. Was im Moment passiert, ist das genaue Gegenteil. Wenn man im Zug oder bei Veranstaltungen Angst haben muss. Wenn man Menschenmengen meiden soll. Wenn man Kinder nicht mehr alleine ins Schwimmbad lassen soll! Wenn ich dieses Jahr nicht aufs Oktoberfest gehen soll. Wenn man Silvester in den eigenen vier Wänden verbringen soll. Macht das Leben so noch Freude? Ist das gut für unser Land? Ich würde sagen, wir sind verrückt, uns das bieten zu lassen von unserer eigenen Regierung. Kriminelle kommen nicht ins Gefängnis und werden nicht ausgewiesen. Und Menschen, die sich darüber aufregen, bezeichnet man als Pack, dumm oder Nazis! Ich möchte gar nicht alles aufzählen, was mich an unseren Politikern stört. Vor allem ist es die Gier nach Macht, die rücksichtslos ausgenutzt wird. Ich schreibe es noch einmal, Menschen in Not muss man helfen und schützen! Aber man muss auch wissen, wen man schützt! Und man muss wissen, wer in unser Land kommt. Kriminelle Menschen bedürfen nicht unseres Schutzes. Es gibt Staaten, die haben zu ihrer Entlastung ihre Gefängnisse geöffnet, damit die kriminelle Energie das Land verlässt. IS-Kämpfer wurden ebenfalls mit den Flüchtlingen auf den Weg geschickt. Auch diese haben bei uns Schutz gesucht.

Wir sollten auch den vielen freiwilligen Helfern danken, die ehrenamtlich und unentgeltlich ihre Freizeit anderen Menschen schenken. Ohne sie wäre „Wir schaffen das!“ gar nicht möglich! Aber an die vielen freiwilligen Helfer wird viel zu wenig gedacht und es wird ihnen nicht gedankt.

Wenn sich nun manche Menschen fragen, warum dieses Buch ein Engelbuch sein soll, dann kann ich ihnen nur antworten: Gott ist Liebe, Gott und Liebe ist nicht Kriminalität. Gott vertritt das Gute! Deshalb dürfen auch wir das Böse nicht tolerieren!

Deshalb kann ich nur sagen, verlassen wir uns nicht auf unsere Politiker, verlassen wir uns auf Gott, Mutter Maria und die Engel. Sie haben uns bereits vor so vielen brisanten Situationen beschützt. Engel haben ihre Flügel über uns ausgebreitet, damit uns kein Haar gekrümmt werde. Bitten Sie die Engel, unser Land und die ganze Welt zu schützen. Einen besseren Schutz kann uns niemand bieten. Auch unsere Politiker nicht! Beten Sie für unsere wunderschöne Welt. Und beten Sie für den Erhalt des Friedens.

Meine Freundin Marianne

Es fiel mir nun sehr schwer, sie in diesem Buch Freundin zu nennen, denn Drogen und Alkohol haben sie so verändert, dass kaum noch jemand mit ihr zu tun haben wollte. Ich habe dieses Kapitel ganz am Schluss geschrieben, weil ich zuerst nicht darüber berichten wollte. Aber vielleicht kann es manchen Menschen eine Hilfestellung werden, die ebenfalls von Alkohol oder Drogen abhängig sind. Oder es kann Menschen einen Einblick verschaffen, wie sich liebenswerte Menschen in Monster verwandeln.

Ich lernte Marianne kennen, da war sie 25 Jahre alt. Sie hatte gerade ein beträchtliches Vermögen geerbt. Sie war sehr nett und liebenswert. Wir fuhren sehr oft gemeinsam in Urlaub und hatten immer sehr viel miteinander gelacht.

Irgendwann wollten wir zusammen nach Thailand fliegen. Wir hatten gebucht und es sollte bald losgehen. Ich bekam einen Anruf von ihrer Schwester und diese sagte: „Marianne kann nicht fliegen, sie ist krank!“ Aber Marianne rief an und sagte, natürlich fliege sie mit. Wir wollten uns morgen am Bahnhof treffen. Aber Marianne kam nicht. Ich telefonierte noch einmal von der Telefonzelle aus und sie lachte mich aus. „So, nun kannst du alleine fliegen“, sagte sie und hatte ihren Spaß dabei. Ich flog dann tatsächlich alleine nach Thailand. Doch nachdem ich im Flugzeug den Film von Bangkok gesehen hatte, wollte ich mit der nächsten Maschine zurückfliegen. Denn es waren nur fünf Frauen im Flieger, der Rest waren nur Männer. Beim Aussteigen lernte ich eine sehr nette Dänin kennen und wir verbrachten einen Teil unseres Urlaubs zusammen.

Als ich dann nach Hause kam, erfuhr ich, dass Marianne in eine Klinik eingewiesen worden war, denn sie sei manisch-depressiv. Ich ging sie im Krankenhaus besuchen und sie freute sich noch immer diebisch, dass sie mich hatte sitzen lassen. Unsere Wege trennten sich, denn wir passten nicht mehr zusammen. Später erfuhr ich, dass Marianne trank, übermäßig rauchte und Drogen nahm.

Einige Jahre später meldete sie sich bei mir und machte wieder einen sehr netten Eindruck. Dann aber stellte ich fest, dass sich ihre Laune stündlich ändern konnte. Sie rief mich bis zu zehnmal am Tag an, bis um 4 Uhr in der Früh. Alles ging gut, bis ich sagte: „Alle möchten schlafen, höre endlich auf, uns ständig aus dem Schlaf zu holen." Dann meinte sie: „Wenn ich nicht schlafen kann, dann braucht ihr auch nicht mehr zu schlafen!" Und dann fing sie an, uns alle zu beschimpfen. Die bösen Worte möchte ich nicht wiederholen. Sie machte täglichen Telefonterror. Sie hörte auf zu arbeiten und hatte dann noch mehr Zeit, uns zu ärgern. Ihr Verlobter starb an einer Thrombose und ich hatte ein offenes Ohr für sie in ihrer Trauer. Aber ohne Arbeit wurde alles noch viel schlimmer. Sie kam in Kreise, die ich niemandem wünsche. Nachdem ihr Arbeitslosengeld erschöpft war, bekam sie aufgrund ihrer Krankheit eine Berufsunfähigkeitsrente. Aber sie hatte nun viel Zeit.

Alle meine Bekannten haben ihre Rufnummer sperren lassen. Ich wollte das nicht. Denn sie schrieb mir auch SMS-Nachrichten. Manchmal: „Du bist der beste Mensch der Welt! Ich will dich heiraten, ich liebe dich!“ Dann wieder: „Ich hasse euch alle.“ Wir waren nur befreundet, aber in keiner Beziehung. An meinem Geburtstag sprach sie nur Beschimpfungen auf den Anrufbeantworter. Meine Kinder hörten diesen ab und lachten darüber. Aber ich konnte nicht darüber lachen. Es war alles so verletzend. Sie meinten: „Mama, die ist doch verrückt.“ Aber es machte mir zu schaffen, wie Drogen und Alkohol Menschen derart verändern können, dass man sie nicht mehr wiedererkennt. Ich versuchte mich von ihr zu distanzieren. Aber es war nicht möglich. Für mich war es bereits Mobbing und Stalking. Ich ließ mich sogar von einem Anwalt beraten. Er sagte: „Sie können nichts dagegen tun, denn wenn sie sich wehren, wird es nur noch schlimmer und jeder wird sagen, es tut uns leid, aber die Frau ist krank.“ Also tat ich nichts. Ich freute mich auf die Tage, wo sie nett war, und ich hatte Angst vor den Tagen, wo sie wieder Tilidin genommen hatte. Sie ließ es sich von ihrem Arzt gegen die Schmerzen verschreiben. Ich bat sie, damit aufzuhören, und sagte ihr ganz offen, wenn sie so weitermache, werde ihr Körper das nicht mehr lange durchhalten. Aber das durfte ich nicht sagen, denn dann wurde sie noch ausfallender. Dann wollte sie Geld. Ich sagte: „Mariandel, ich schicke dir Essen, Kleider und Briefmarken, aber kein Geld, denn du hast genug Geld.“ Das tat ich dann auch. Ich wollte ihre

Sucht nicht mitfinanzieren. Wenn die Pakete kamen, war sie freundlich und glücklich, aber dann wurde sie wieder böse. Sie nahm alle Briefmarken, die ich ihr schickte, und klebte 10 Euro auf einen Brief und legte eine Broschüre bei. Irgendwann war ich dann so weit, dass ich den Hörer nicht mehr abnahm, wenn ich ihre Nummer sah. Es war sehr nervig, aber ich sah keinen anderen Weg mehr, ihren verbalen Verletzungen zu entkommen. Dann bekam ich für etwa vier Wochen keine Anrufe mehr von ihr. Ich war glücklich. Irgendwann schaute ich nicht mehr aufs Display und nahm den Hörer ab. Es war Mariandel, aber sie sagte nichts und legte wieder auf. Dann, drei Tage später, zog eine große, weiße Wolke durch mein Schlafzimmer. Ich dachte noch, wer ist das? Dann aber drehte meine Katze durch. Ich spürte, es musste eine negative Energie sein. Denn mein Katerchen war nicht mehr wiederzuerkennen. Er stellte die Ohren nach hinten, die Augen waren riesengroß und sein Fell stand hoch. Dann rannte er weg und versteckte sich. Ich hatte den Fernseher an und sah den weißen Nebel noch immer im Raum. Dieser bewegte sich ununterbrochen durch den Raum. Plötzlich spürte ich, wie mich etwas ganz fest an der Hand zog. Ich dachte, hier ist ein ganz böser, unangenehmer Geist. Als meine Katze wieder zu mir kam, fing sie an, mich zu beißen und zu kratzen. Das sonst so friedliche Kätzchen wurde wie ein böser Tiger. Sie benahm sich, als sei sie von einer negativen Energie besetzt. Ich fing an zu beten, denn ich dachte, irgendetwas läuft da gerade verkehrt, denn ich war noch nie von einer derart negativen Energie heimgesucht worden. Ich betete zu Gott und den Engeln, mich in ihr goldenes Licht zu hüllen und alle im Haus vor der negativen Energie zu bewahren. Ich bat Gott, dass ein Engel die Seele der unglücklichen Person ins Licht trägt. Und tatsächlich, irgendjemand muss mir geholfen haben, denn es hörte unmittelbar nach dem Gebet auf. Die negative Energie war verschwunden. Zwei Wochen später bekam ich einen Anruf. Es war die Nichte von Mariandel. Sie sagte: „Marlene, du hast ein Recht darauf, es zu erfahren, Marianne ist verstorben. Wir wissen auch nicht genau, wann, denn niemand hatte mehr Kontakt mit ihr. Sie hat uns allen sehr viel Leid zugefügt. Der Arzt meinte, sie sei bereits seit zwei Wochen tot. Und seit zwei Wochen hatte ihre Katze weder etwas zu fressen noch etwas zu trinken. Aber das Kätzchen hatte überlebt." Vielleicht wollte sie nur darauf aufmerksam machen, dass ich ihrer Katze helfen soll. Aber ich hatte mich so von ihr zurückgezogen, dass ich auch keinen Kontakt mehr zu ihr fand. Noch nicht einmal dieses Erlebnis hat mich ihr näher gebracht. Im Gegenteil, ich betete jeden Tag, dass ich ihre Energie nicht mehr spüren muss. Denn ich empfand sie im Tod noch gefährlicher als im Leben. Nun konnte sie ohne mein Wissen mit mir Kontakt aufnehmen und ich musste mich gegen ihre negative Energie schützen. Ich bat die Engel, sie abzuholen und ins Licht zu geleiten. Vor allem habe ich sie wissen lassen, dass ich ihr alles Böse, was sie mir angetan hat, verziehen habe. Sie gab auch zu Lebzeiten in Auftrag, meine Bücher negativ zu bewerten.

Ich habe nichts mehr von ihr gehört oder gespürt. Aber das Verzeihen ist eine sehr wichtige Geste. Das müssen wir tun, damit die Seele der Verstorbenen auf der anderen Seite ihren Frieden findet. Ich bin mir sicher, Marianne hat nun ihren Frieden gefunden. Ich möchte sie auch nicht schlecht dastehen lassen, denn sie war, ohne Drogen und ohne Alkohol, ein wunderbarer, liebenswerter und vor allem hilfsbereiter Mensch. Ich wünsche es niemandem, durch diese Hölle der Drogen gehen zu müssen. Es ist schon so viel Furchtbares passiert, wenn Drogen und Alkohol im Spiel waren und noch sind.

Schlusswort

Ich möchte dieses Buch mit einem Gedicht beenden, das ich vor zwanzig Jahren geschrieben habe. Es sollte uns heute noch mehr berühren und uns vor Augen halten, dass wir nur eine Welt haben. Und dass wir nur dann gesund sind, wenn diese Erde gesund bleibt. Wenn wir, anstatt Bäume zu roden, Bäume pflanzen. Wenn wir mit der Tier- und Pflanzenwelt in Einklang leben. Wie oft gehen wir spazieren und nehmen die Bäume nicht mehr wahr. Sie sind so wichtig für unser Fortbestehen. Sie filtern unsere Luft, spenden uns Sauerstoff. Wie viele Tannen werden gefällt, nur damit wir an Weihnachten unsere Kugeln dran hängen können. Nach Weihnachten haben sie ihr Leben für uns ausgehaucht und werden, ohne dass wir darüber nachdenken, wieder entsorgt. Es ist ja nur ein Tannenbaum. Auch dieser Baum ist ein Lebensspender!

Die Tiere nähren uns. Haben Sie Respekt vor ihrem Leben und der Nahrung und achten Sie darauf, dass die Tiere, die wir essen, vor dem Verzehr nicht gequält wurden. Sie nehmen die Chemie der Tiere auf. Das soll ich Ihnen sagen. Leider bin ich auch nur ein kleines Lichtchen auf dieser großen Welt, das keinen großen Einfluss hat, wenn es alleine brennen und leuchten muss. Aber leuchten wir alle zusammen, wird diese Erde wieder hell und schön und wir können gemeinsam gegen die Menschen aufstehen, die nur an Profit denken und unser Land und unsere wunderschöne

Welt zerstören wollen. Und mit ihrer Gier diesen wunderschönen Planeten ins Chaos stürzen möchten. Sei es unsere Nahrung oder die Kriegstreiber auf dieser Erde. Wir müssen die Tiere, die Pflanzen und unseren Frieden schützen. Mehr verlangen Gott, die Mutter Maria und unsere Engel nicht von uns. Denken Sie an die wunderbaren Worte, die Gott zu meiner Freundin Marlies immer sagt: „Tue, was du kannst, dann tue ich, was du nicht kannst!"

Das sind wunderbare Worte, die uns das Göttliche schickt. Wir tun, was wir können, und er wird uns helfen bei dem, was wir nicht können!

Mutter Erde, mit deiner wunderschönen Natur,

was machen mit dir die Menschen nur? Du hast uns genährt, mit all deiner Kraft. Aber was haben wir mit dir nur gemacht?

**Wir roden die Wälder, verschmutzen die Gewässer,
wir kennen alle das Problem, aber nichts wird besser!**

**Geparden, Leoparden und Elefant,
alles wurde geschaffen durch Gottes Hand, aber wir haben bis dato noch nichts erkannt!**

Wir töten die Tiere, sie sterben aus, aber es gibt Menschen, die machen sich da gar nichts draus.

Es zählt leider nur noch Macht und Geld auf unserer manchmal so grausamen Welt!

Alles sollte existieren in Liebe, Frieden und Harmonie, aber ich glaube, das schaffen wir nie!

Wir reichen uns die Hände, ob rot, gelb, schwarz oder weiß.

Wir müssen zusammenhalten, denn vor Gott sind wir alle gleich!

Jeden Tag stirbt eine Pflanze, jeden Tag stirbt ein Tier, wir müssen etwas ändern, denn sonst sterben bald auch wir!

Denkt an die Kinder, deren Herzen noch so rein, sie wollen auch gesund leben und später glücklich sein!

Marlene Toussaint

Inhaltsverzeichnis:

Kontaktadressen:

Bundesarbeitsgemeinschaft Hospiz zur Förderung von ambulanten und stationären Hospizen, Am Weiherhof 23, 52382 Niederzier, Tel. 02428-802937

Deutsche Krebshilfe, Thomas-Mann-Str. 40, 53111 Bonn, Tel. 0228-729900

Deutsche Aidshilfe, Dieffenbachstr. 33, 10967 Berlin, Tel. 030-6900870

Omega, mit dem Sterben leben, 34346 Münden, Tel. 05541-4881

Gesellschaft für Sterbebegleitung, Zeppelinstr. 6, 55411 Bingen, Tel. 06721-10318

Kinderhospizverein, Kupferweg 6, 57462 Olpe, Tel. 02761-969555

Hilfreiche Internetadressen:

www.verwitwet.de

www.leben-ohne-dich.de

www.lotus-spirit.de

Bücher, die im Mato-Verlag erschienen sind:

Südafrika schön und preiswert ISBN 978-3-927003-23-1, Euro 15.

Namibia schön und preiswert mit Kapstadt, Wein- und Gartenroute ISBN 978-3-927003-29-3, Euro 15.

Arbeitslosigkeit, Glück oder Unglück? ISBN 978-3-936795-93-6, Euro 7,50

Schönheitsoperationen: Vom hässlichen Entchen zum schönen Schwan ISBN 978-3-936795-96-7, Euro 11,90

Piloten küsst man nicht! Roman ISBN 978-3-936795-99-8, Euro 12,90

Engel und die Verstorbenen sind unter uns ISBN 978-3-936795-98-1, Euro 12,90

Phänomene und Kraft aus dem Jenseits ISBN 978-3-936795-92-9, Euro 12,90

Engel und die Jenseitigen lieben uns ISBN 978-3-936795-91-2, Euro 12,90

Angels and deceased loved ones are always with us ISBN 978-3-936795-59-2, Euro 14,90

Erlebnisse mit Engeln und Verstorbenen ISBN 978-3-936795-58-5, Euro 12,90

Seid nicht traurig, wir leben weiter ISBN 978-3-936795-57-8, Euro 12,90

Das Jenseits ist kein Ort zum Schlafen ISBN 978-3-936795-56-1, Euro 12,90

Meine Mama lebt. Gespräche mit meiner verstorbenen Mutter ISBN 978-3-936795-60-8

Kinderbücher:

Die fleißige Biene Samantha ISBN 978-3-936795-51-6, Euro 9,95

Die Elefanten Mini und Timba ISBN 978-3-936795-52-3, Euro 9,95

Mato-Verlag
Marlene Toussaint
Tel./Fax: 08331-49 44 45

Cover: Dieser wunderschöne Engel wurde gemalt von der Künstlerin Marita Zacharias. Ihre Bilder sind so schön, dass es sehr schwer für mich war, eine Entscheidung zu treffen, welcher Engel auf das neue Buch kommen sollte.

Foto: Copyright Marita Zacharias
Website: www.kunstmalerei-mz.de
E-Mail: MaritaZacharias@gmx.de

Lektorat: Dr. Bärbel Müller,
Tannenweg 15, 14482 Potsdam,
Tel. 0331-550 3775,
E-Mail: kontakt@korrekturservice.org

Satz, Druck und Bindung: FORMAT Druckerei &
Verlagsgesellschaft mbH Jena

1. Auflage 2017
 Dieses Buch ist direkt beim Verlag oder in allen Buchhandlungen auf Bestellung erhältlich.
Die Bücher sind auch als E-Book erhältlich.